WAS IST WAS BAND 5 — Entdecker und ihre Reisen

WAS IST WAS BAND 6 — Die Sterne

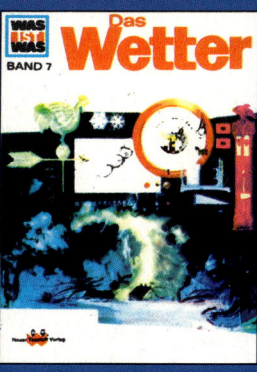

WAS IST WAS BAND 7 — Das Wetter

WAS IST WAS BAND 8 — Das Mikroskop und was es zeigt

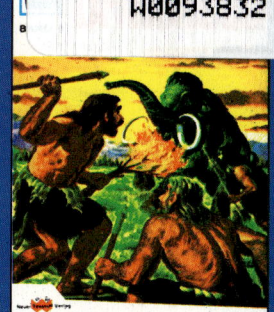

WAS IST WAS BAND 15 — Dinosaurier

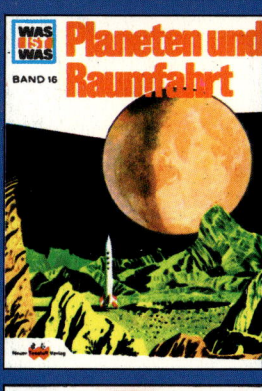

WAS IST WAS BAND 16 — Planeten und Raumfahrt

WAS IST WAS BAND 17 — Licht und Farbe

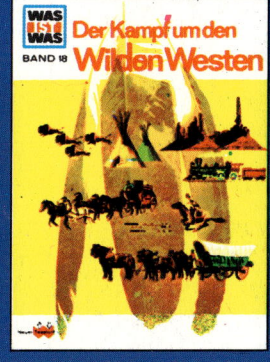

WAS IST WAS BAND 18 — Der Kampf um den Wilden Westen

WAS IST WAS BAND 19 — Wunderwelt der Bienen und Ameisen

WAS IST WAS BAND 25 — Vom Einbaum zum Atomschiff

WAS IST WAS BAND 26 — Wilde Blumen

WAS IST WAS BAND 27 — PFERDE

WAS IST WAS BAND 28 — Die Welt des Schalls

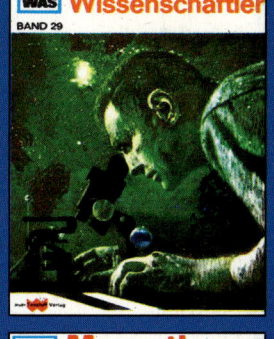

WAS IST WAS BAND 29 — Berühmte Wissenschaftler

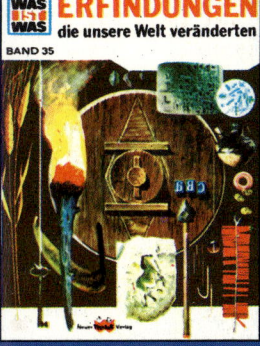

WAS IST WAS BAND 35 — ERFINDUNGEN die unsere Welt veränderten

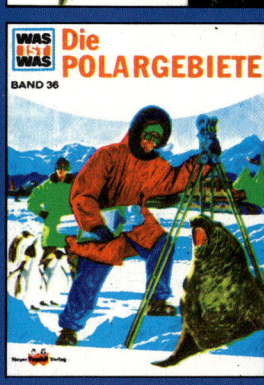

WAS IST WAS BAND 36 — Die POLARGEBIETE

WAS IST WAS BAND 37 — Computer und Roboter

WAS IST WAS BAND 38 — Prähistorische Säugetiere

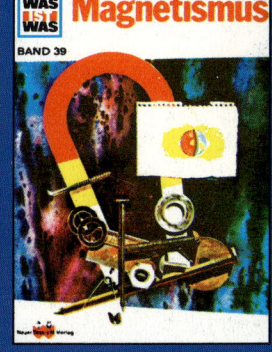

WAS IST WAS BAND 39 — Magnetismus

WAS IST WAS BAND 45 — Mineralien und Gesteine

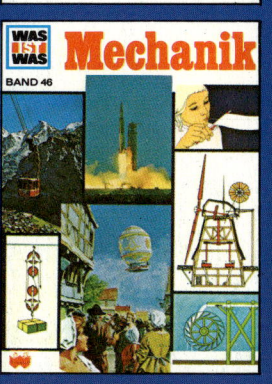

WAS IST WAS BAND 46 — Mechanik

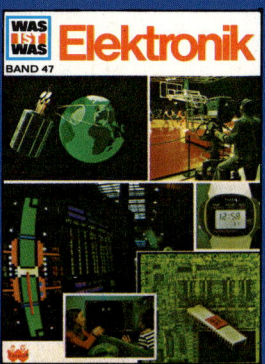

WAS IST WAS BAND 47 — Elektronik

WAS IST WAS BAND 48 — Luft und Wasser

Weitere Titel
siehe letzte Seite.

Ein **WAS IST WAS** Buch

Luft und Wasser

Von Martin L. Keen
und Claire Cooper Cunniff

Illustrationen von Anne-Lies Ihme,
Günter Todt und Gerd Werner

Wissenschaftliche Überwachung
durch Dr. Paul E. Blackwood

*Wind und Regen schufen in Jahrhunderttausende wäh-
render Erosion (lat. Ausnagung) so bizarre Landschaften
wie diesen Felsenturm im Peliongebirge (Griechenland).
Wind und Regen, also Luft und Wasser, sind für uns
Menschen von ungeheurer Bedeutung. Ohne sie wäre die
Erde ein toter Planet.*

Tessloff Verlag · Hamburg

Vorwort

Der Luftraum, von Flugzeugen erobert, und die weiten Ozeane, von Schiffen durchquert, sind immer mehr zu Brücken geworden, die die Völker der Erde einander näherbringen.

Aber Luft und Wasser sind für unser Leben von noch größerer Bedeutung; sie sind Vorbedingung für alles Leben auf der Erde.

Deswegen wollen wir uns in diesem Buch gründlich mit den beiden Stoffen beschäftigen. Schon seit Jahrtausenden haben sich die Gelehrten vieler Völker bemüht, die physikalischen Eigenschaften von Luft und Wasser zu erforschen.

Dies WAS IST WAS-Buch schildert die Natur dieser beiden Lebenselemente und ihre erstaunlichen Eigenschaften. Es berichtet in Wort und Bild von den interessanten Erkenntnissen, die hervorragende Wissenschaftler aus alter und neuer Zeit über das Wesen dieser beiden Stoffe gewonnen haben. Es zeigt das Wirken von Luft und Wasser in der Natur und ihre Anwendung zum Nutzen der Menschen. Das Buch enthält auch zahlreiche Anleitungen für einfache Experimente, mit denen die Entdeckungen berühmter Naturwissenschaftler nachvollzogen werden können.

INHALT

Kein Leben ohne Luft und Wasser

Luft und Wasser sind uns allen vertraut.

Welches sind unsere wichtigsten Lebensstoffe?

Unsere Erde, auf der wir leben, ist von einer Lufthülle umgeben, die wir *Atmosphäre* nennen. Und fast drei Viertel der Erdoberfläche werden von den Gewässern der Ozeane, Meere, Seen, Teiche, Ströme und Flüsse bedeckt.

Die Luft füllt alle offenen Räume der Erdoberfläche aus, ohne sie gäbe es kein Leben. Alle Geschöpfe atmen Luft ein und aus, und wenn sie fehlt, müssen wir sterben. Erst wenn der Mensch sich in die Weiten des Weltraums oder in die Tiefen des Wassers begibt, merkt er, wie wichtig die Luft für ihn ist; dann muß er einen Luftvorrat mitnehmen.

Nach der Luft ist das Wasser unser wichtigster Lebensstoff. Alle Lebewesen enthalten in ihrem Körper Wasser; etwa zwei Drittel unseres Körpers bestehen aus Wasser. Wasser hilft uns, unsere Nahrung zu verdauen, die dann vom Blut in die Zellen transportiert wird; Wasser transportiert die Abfallstoffe aus den Zellen ab. Und das Wasser hilft mit, daß der Körper die richtige Temperatur bewahrt.

Wasser ist nicht nur innerhalb unseres Körpers lebensnotwendig; wir brauchen es auch für unser tägliches Leben: zum Kochen, Baden, für das Waschen unserer Kleidung und das Sauberhalten unserer Wohnräume.

Schon im Altertum galten Luft und Wasser neben Feuer und Erde als die vier „Grundelemente". Tatsächlich gäbe es ohne Luft und Wasser kein Leben.

Dieses Bild — ein Frachter vor Helgoland in Seenot — zeigt in dramatischer Form die segensreichen, aber auch die zerstörerischen Kräfte von Luft und Wasser: Der Sturm, also schnell bewegte Luft, hat den Frachter auf eine Klippe geworfen; das Schiff droht auseinanderzubrechen und unterzugehen. Die Luft ermöglicht aber auch dem Hubschrauber, sich dem Havaristen zu nähern und die Besatzung zu retten. Ebenso kann auch Wasser Segen oder Unheil bedeuten: Es trägt Schiffe jeder Größe und Art über die Meere und ist seit Menschengedenken eine Brücke zwischen Völkern und Kontinenten. Andererseits zerstört es mit seinen immer wieder gegen das Ufer anbrandenden Wogen die Küsten und verschlingt — Meter um Meter — festes Land. Helgolands Wahrzeichen „Lange Anna", der aufragende Felsturm vor der Insel, bekommt jetzt einen Stützgürtel aus Beton, um nicht den Fluten zum Opfer zu fallen. — Bei dem hier dargestellten Unglück wurden alle Menschen von Bord gerettet, das Schiff ging verloren.

Auch die Pflanzen brauchen Wasser.

Wie veränderten Luft und Wasser unsere Erde?

Keine Pflanze kann ohne Wasser wachsen. Unsere gesamte Ernährung hängt davon ab, daß Wasser vorhanden ist, denn alle Nahrung kommt von den Pflanzen — selbst das Fleisch, denn es stammt von pflanzenfressenden Tieren.

Wasser ist auch eine wichtige Kraftquelle. Der Mensch nutzt das fließende

Wasser, um die Räder von Mühlen zu treiben oder um Elektrizität zu erzeugen. Wasser formt die Oberfläche der Erde. Im Laufe von Millionen Jahren haben Regen, Bäche und Ströme ganze Gebirge abgetragen und eingeebnet. Und der Anprall der Ozeanwellen hat die Küstenlinien aller Kontinente geformt.

Auch die Luft bewirkt, daß die Erdoberfläche sich verändert. Ein starker Wind kann Teile des Erdbodens aufwirbeln und sie über weite Strecken forttragen.

Läßt der Wind nach, fallen die Teilchen auf die Erde. So bewegt der Wind Teile unserer Erdoberfläche von Ort zu Ort; über 50 000 Quadratkilometer Boden sind so allein in der Flußniederung des Mississippi entstanden.

Unser Wetter ist zum großen Teil abhängig von dem Wassergehalt der Luft. Wolken, Nebel, Tau, Regen, Schnee und Hagel sind Formen des Wassers. Je nachdem, ob der Wind warm oder kalt, feucht oder trocken daherbläst, ändert sich das Wetter.

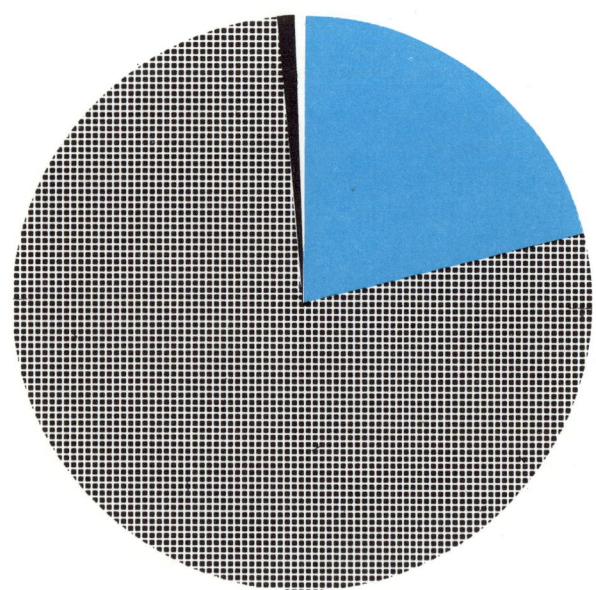

Die Luft ist ein Gasgemisch aus 78 % Stickstoff (kariert), 21 % Sauerstoff (blau), 0,9 % Edelgasen (schwarz) und 0,03 % Kohlendioxid (weiß).

Was ist Luft?

Wenn wir uns im Freien aufhalten, spüren wir den Wind, der uns ins Gesicht bläst. An sehr windigen Tagen müssen wir unseren Körper nach vorn beugen, um gegen ihn anzukommen. Wind ist bewegte Luft. Es ist also bewegte Luft, die wir fühlen und gegen die wir uns an windigen Tagen stemmen müssen.

Wir können die Luft nicht sehen, aber wir haben schon oft bemerkt, was bewegte Luft bewirken kann. Sie bewegt die Blätter am Baum und weht Papierfetzen über den Erdboden. Wir wissen, daß der Wind Bäume entwurzeln und sogar Dächer abdecken kann. Ein starker Sturm, der vom Meer bläst, kann soviel Wasser vor sich hertreiben, daß die Städte an der Küste überflutet werden. Weil die Luft alles dies verursachen kann, muß sie wirkliche Materie sein, wie es auch Papier oder Holz sind.

Luft ist ein Stoff, eine von den Substanzen, aus der alle Materie besteht.

Materie ist alles, was Raum einnimmt und Gewicht hat. Ein Stein ist Materie.

Wir können sehen, daß ein Stein Raum einnimmt, und wenn wir ihn aufnehmen, fühlen wir, daß er Gewicht hat. Ein Stück Eisen, unser Schuh, ein Ball, ein Glas und die Milch darin — alles ist Materie.

Die Luft nimmt ebenfalls Raum ein, und sie hat auch Gewicht. Deshalb sagen wir, daß Luft eine Art der Materie ist.

Woraus besteht die Luft?

Luft ist ein Gemisch verschiedener Gase. Diese Gase haben weder Farbe, Geruch noch Geschmack, und so können wir Luft weder sehen noch riechen oder schmecken.

Etwas mehr als der fünfte Teil der Luft ist Sauerstoff. Dieses Gas ist für alle Lebewesen äußerst wichtig. Wenn Tiere oder Pflanzen es nicht ein- oder aus-

Um Arbeiten auf dem Meeresgrund durchführen zu können, benutzte man früher unten offene Taucherglocken. Sie wurden von Schiffen herabgelassen, erhöhter Luftdruck verhindert das Eindringen von Wasser. Heute gibt es modernere Methoden.

Experiment: Nimmt Luft Raum ein?

Zu diesem Experiment brauchen wir ein leeres Wasserglas und eine mit Wasser gefüllte Schüssel, die höher als das Glas ist. Wir kehren das Glas um und drücken es in das Wasser, und zwar genau senkrecht; das Glas darf nicht schräg gekippt werden. Wir drücken das Glas vollständig unter Wasser und beobachten jetzt genau, was passiert.

Wir sehen, daß nur ein kleiner Teil Wasser eingedrungen ist. Der übrige Teil des Glases ist mit Luft gefüllt. Die Luft ist im Glas gefangen. Sie nimmt im Glas Raum ein, und das Wasser kann nicht hinein.

Nun kippen wir das Glas langsam zur Seite, bis etwas Luft entweicht. Wir beobachten, daß eine große Blase mit einem glucksenden Laut zur Oberfläche entweicht. Jetzt betrachten wir wieder das Wasser im Glas und sehen, daß es einen höheren Stand erreicht hat. Weil ein Teil der Luft mit der Luftblase entwichen ist, konnte dafür mehr Wasser eindringen. Jedesmal, wenn wir das Glas kippen und Luft entweichen kann, wird mehr Wasser eindringen.

Mit diesem Versuch können wir auch unsere Freunde bei einer Wette hereinlegen. Wir wetten mit ihnen, daß wir ein Taschentuch unter Wasser halten könnten, ohne daß es naß wird. Wir knüllen das Tuch zusammen und drücken es fest auf den Boden des Glases. Jetzt drehen wir das Glas um und drücken es senkrecht ins Wasser. Das Taschentuch wird so lange trocken bleiben, wie wir das Glas senkrecht halten.

---

atmen können, sterben sie. Knapp vier Fünftel der Luft besteht aus Stickstoff. Dieses Gas ist ebenfalls für alle Geschöpfe wichtig. Stickstoff ist in jedem lebenden Gewebe enthalten. Die Lebewesen können den Sauerstoff direkt aus der Luft aufnehmen, aber nicht den Stickstoff. Die Pflanzen erhalten ihn durch die Bodenbakterien, und die Tiere gewinnen ihn, weil sie Pflanzen fressen. Der Mensch entnimmt Stickstoff aus Fleisch, Früchten und Gemüse.

Ein weiterer Bestandteil der Luft ist Kohlendioxid. Obgleich die Luft nur sehr wenig Kohlendioxid enthält, ist es doch sehr wichtig. Die Pflanzen sind die einzigen Lebewesen, die ihre Nahrung selbst erzeugen; dazu brauchen sie Kohlendioxid. Und Pflanzen sind die Nahrung für die meisten anderen lebenden Wesen.

Etwa der hundertste Teil der Luft besteht aus einem Gemisch von einem halben Dutzend anderer Gase. Zwei von ihnen, das Helium und der Wasserstoff, sind sehr leichte Gase. Man benutzt sie, um damit Wetterballons und Zeppeline zu füllen. Die anderen vier Edelgase der Luft heißen Neon, Argon, Krypton und Xenon. Neon glüht in Leuchtstoffröhren rötlich und orange, Argon leuchtet darin purpurn, Krypton und Xenon leuchten blau. Mit Argon und Stickstoff sind stärkere Glühlampen gefüllt.

Die Gase der Luft sind nicht überall in der Atmosphäre in gleichem Verhältnis gemischt. Luftproben aus der erdnahen Region zeigen einen höheren Anteil an schweren Gasen: Kohlendioxid, Argon, Krypton und Xenon; in Proben aus der höheren Luftschicht finden sich größere Anteile von Wasserstoff, Helium, Stickstoff, Sauerstoff und Neon.

Schon im Altertum nutzten die Menschen die Kraft des Windes. Noch heute baut man Windmühlen, um Korn zu mahlen oder Strom zu erzeugen.

Stürme gehören zu den stärksten Naturgewalten, gegen die es kaum Abwehr gibt. Unter Foto zeigt einen Wirbelsturm (Windhose) in den USA.

Die Abhängigkeit des Menschen von der Atemluft merken besonders Taucher: Um nicht zu ersticken, müssen sie Preßluft in die Tiefe mitnehmen.

Hat Luft Gewicht?

Um den Nachweis, daß die Luft Gewicht hat, bemühten sich Wissenschaftler schon vor vielen Jahrhunderten. Es wurde erst in der zweiten Hälfte des sechzehnten Jahrhunderts durch einen jungen italienischen Wissenschaftler namens Galileo Galilei bewiesen. Er wählte eine kräftige Flasche mit engem Hals. Dann nähte ihm ein Handwerker einen luft- und wasserdichten Ledersack, ebenfalls mit einem engen Hals. Der Sack hatte eine ähnliche Form wie die Flasche; aber sein Rauminhalt war nur drei Viertel so groß wie jener der Flasche.

Galilei füllte den Sack mit Wasser. Er machte den Hals des Sackes naß und stülpte ihn über den Hals der Flasche. Durch die Nässe zog sich das Leder des Sackhalses so stark zusammen, daß durch die Verbindung von Flasche und Sack keine Luft entweichen konnte. Jetzt drückte Galilei das Wasser aus dem Sack in die Flasche, rollte den leeren Sack auf und band ihn am Hals der Flasche fest.

Damit hatte Galilei folgendes erreicht: Die Flasche, vorher vollständig mit Luft gefüllt, war jetzt zu drei Viertel voll Wasser. Ihr oberes Viertel enthielt nun die gesamte Luft, die vorher die ganze Flasche ausgefüllt hatte. Diese Luft war jetzt auf einen kleineren Raum zusammengedrückt; es war *komprimierte* Luft geworden.

Nun wog Galilei sorgfältig die Flasche mitsamt dem völlig zusammengerollten Sack und dem Wasser und der komprimierten Luft. Nachdem er dies gewogen hatte, löste er den Sack und trennte ihn von der Flasche. Die komprimierte Luft dehnte sich aus, und drei Viertel des bisherigen Luftinhalts der Flasche entwichen. So blieb nur ein Viertel an normaler Luft in der Flasche zurück.

Mit einem ausgeklügelten Experiment bewies Galileo Galilei (1564—1642), daß Luft Gewicht hat: Er wog eine mit Luft gefüllte Flasche und einen vollen Wassersack. Dann füllte er das Wasser in die Flasche und wog abermals den Sack und die Flasche, die jetzt weniger Luft enthielt. Er stellte fest, daß Sack und Flasche nun weniger wogen — Luft muß also Gewicht haben.

Nachdem Galileo Galilei den leeren Sack wieder am Flaschenhals befestigt hatte, wog er abermals die Flasche mitsamt Sack, Wasser und Luft. Er verglich die Ergebnisse des zweimaligen Wiegens und fand, daß die Waage beim erstenmal mehr Gewicht angezeigt hatte.

Beim zweiten Wiegen war weder das Gewicht der Flasche, des Sacks noch des Wassers verändert worden. Das einzige, was sich verändert hatte, war die Menge an Luft in der Flasche. Beim ersten Wiegen war mehr Luft in der Flasche gewesen, und das hatte ein größeres Gewicht ergeben. Die größere Menge an Luft hatte sie schwerer gemacht. Damit war bewiesen, daß die Luft Gewicht hat.

Wir wissen nun, daß die Luft Raum einnimmt und daß sie Gewicht hat. Dies sind Eigenschaften jeder Materie. Die Luft hat noch eine andere Eigentümlichkeit, die sie mit allen anderen Gasen teilt. Sie ist *elastisch*. Sie federt. Das bedeutet: Sie kann zusammengedrückt werden, und sie dehnt sich rasch wieder aus, wenn der Druck wegfällt.

Das beweisen wir mit einer Fahrradpumpe: Wir ziehen den Kolben der Pumpe so weit wie möglich heraus, so daß sich die Röhre mit Luft füllt. Nun drücken wir einen Finger fest auf das Ein- und Auslaßventil und drücken den Kolben soweit in die Pumpe hinein, wie

Wie kann man zeigen, daß die Luft elastisch ist?

9

Galileis Experiment läßt sich leicht wiederholen: Man wiegt zweimal denselben Fußball, erst nur wenig und dann so hart aufgepumpt, wie er im Spiel gebraucht wird. Ergebnis: Der mit komprimierter, also mit mehr Luft gefüllte Ball ist schwerer.

Experiment: Wie kann man beweisen, daß Luft Gewicht hat?

Wir können Galileis Versuch mit anderen Mitteln nachmachen: Anstelle der Flasche benutzen wir einen Fußball, und statt eines Ledersacks nehmen wir eine Pumpe, mit welcher der Fußball aufgepumpt wird.

Jetzt bauen wir eine Waage. Dazu brauchen wir eine flache Holzleiste, einen kräftigen Draht für den Bügel und zwei gleiche Einkaufstaschen aus Papier oder Plastik. In beide Enden der Leiste schneiden wir eine Kerbe, etwa 2¹/₂ Zentimeter breit.

Wir schneiden den Draht mit einer Zange auf die entsprechende Länge und biegen ihn zu einem Bügel zurecht. Wenn wir sie zur Verfügung haben, wird noch eine kleine Wasserwaage mit einer Schnur genau in der Mitte der Leiste befestigt. Der Bügel wird in eine Halterung, zum Beispiel über eine waagerechte Stange, gehängt und die Leiste in die beiden Hakenenden eingelegt. Dann hängen wir in beide Kerben an den Enden der Leiste je eine Einkaufstasche. Wir bringen den „Waagebalken" in die Waagerechte, indem wir das Gewicht der Taschen mit Sand oder kleinen Nägeln austarieren.

Nun pumpen wir den Fußball auf, aber nur so weit, bis alle Falten verschwunden sind. Er soll sich weich anfühlen, wenn wir ihn mit den Fingern leicht drücken.

Danach wird der Ball vorsichtig in eine der Einkaufstaschen gelegt und das Gleichgewicht der Taschen wieder hergestellt, indem wir in die leere Tasche Sand, Nägel oder ähnliches füllen. Liegt der Waagebalken jetzt wieder genau in der Waagerechten, so tragen beide Taschen genau gleiche Gewichte.

Vorsichtig nehmen wir nun den Fußball wieder aus der Tasche. (Aufpassen, daß unser Apparat nicht verrutscht!)

Darauf wird der Fußball so hart aufgepumpt, wie er im Spiel gebraucht wird. Dadurch wird zusätzlich Luft in den Ball gepumpt; die Luft im Ball wird komprimiert. Es wird mehr Luft in den Ball gepumpt, als beim vorherigen Auswiegen darin war, und diese größere Menge an Luft nimmt jetzt denselben Raum ein.

Der Ball wird wiederum vorsichtig in die Einkaufstasche gelegt; der Waagebalken pendelt sich aus. Wenn er in Ruhe ist, zeigt er eine Neigung zu der Tasche hin, in welcher der Fußball liegt. Die Luftblase in der Wasserwaage hat sich nach der entgegengesetzten Seite verschoben.

Dies Schwererwerden kann nur dadurch verursacht worden sein, daß wir zusätzlich Luft in den Ball gepreßt haben. Das ist der Nachweis, daß Luft Gewicht hat.

wir nur können. Plötzlich lassen wir den Griff los; er wird federnd zurückgestoßen.

Wenn wir den Kolben in die Pumpe drücken, komprimieren wir die Luft in der Pumpe. Lassen wir den Griff los, springt er zurück, weil die Luft in der Pumpe sich sofort wieder ausdehnt und federnd nach außen drückt. Das beweist, daß die Luft elastisch ist.

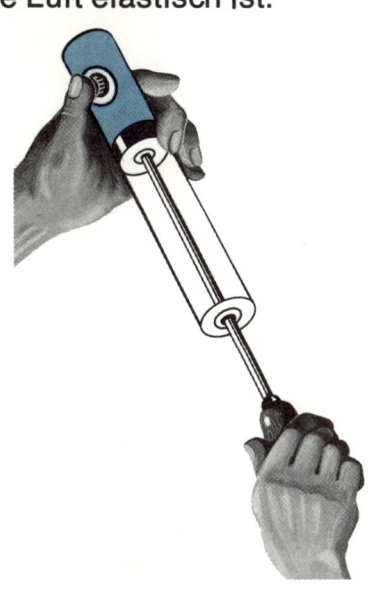

Luft ist elastisch: Wenn man das Ventil einer Luftpumpe zuhält, den Kolben in die Pumpe drückt und ihn dann schnell losläßt, dehnt sich die komprimierte Luft aus, und der Kolben federt zurück.

Wasser besteht aus Wasserstoff und Sauerstoff, also aus zwei Gasen, die auch in der Luft vorhanden sind und sich zu einer Flüssigkeit, nämlich zu Wasser, vereinen können. Wenn ein Wissenschaftler Wasserstoff und Sauerstoff verbinden will, tut er zwei Teile Wasserstoff und einen Teil Sauerstoff in einen kräftigen Behälter, vielleicht in einen sehr dickwandigen Glaskolben. Dann zündet er in dem Behälter einen elektrischen Funken und ruft damit im Glaskolben eine Explosion hervor. Nach der Explosion findet man im Behälter Wasser in Form von Wassertropfen, aber keinen Wasserstoff oder Sauerstoff mehr.

Die Wissenschaftler in aller Welt bezeichnen das Wasser mit der gleichen

Was ist Wasser?

Formel. Für sie ist Wasser H_2O. Das bedeutet einfach, daß es aus zwei Teilen Wasserstoff (H von Hydrogenium) und einem Teil Sauerstoff (O von Oxygenium) besteht.

Wenn wir an Wasser denken, stellen wir es uns immer als Flüssigkeit vor. Aber Wasser kann auch fest oder gasförmig sein. Fest, flüssig und gasförmig sind drei *Aggregatzustände* der Materie. Wasser in festem Zustand wird Eis genannt. Eis ist nicht naß. Das mag manchen erstaunen, weil unsere Hand doch naß wird, wenn wir ein Stück Eis anfassen. Das liegt aber daran, daß die Wärme unserer Hand etwas vom Eis zu Wasser schmilzt.

In seinem gasförmigen Zustand wird das Wasser als Dampf bezeichnet. Wasser verdunstet als ein unsichtbares Gas; wenn aber der Wasserdampf abgekühlt wird, sehen wir ihn als eine Wolke von Dampf. Dieser Dampf besteht aus winzigen Tröpfchen von Wasser, die in der Luft schweben.

Eis läßt sich leicht in Wasser verwandeln, ebenso Wasser in Wasserdampf. Wir nehmen vier oder fünf Eiswürfel, legen sie in einen Teekessel und setzen den Kessel auf die heiße Herdplatte. Den Deckel nehmen wir ab, so können wir beobachten, was geschieht. Bald sind alle Würfel geschmolzen, das Eis hat sich in Wasser verwandelt. Jetzt

Wann ist Wasser nicht naß?

Chemisch reines Wasser besteht aus zwei Dritteln Wasserstoff und einem Drittel Sauerstoff.

Sauerstoff

Wasserstoff

Kleine Eiswürfel in einem Tee-kessel schmelzen bei Zimmer-temperatur langsam zu Wasser.

Wenn unter dem Teekessel ein Feuer brennt, kocht das Wasser und wird zu Wasserdampf.

Hält man einen Löffel in den Wasserdampf, kondensiert die-ser und wird wieder zu Wasser.

decken wir den Kessel mit dem Deckel zu. In kurzer Zeit wird das Wasser zu kochen beginnen, und vor dem Aus-gießer bildet sich eine Wolke. Wir be-obachten jetzt die Stelle am Ende der Tülle genau. Zwischen der Dampfwolke und der Tülle sehen wir einen schmalen Raum, der leer zu sein scheint. Aber er ist nicht leer! Er ist ausgefüllt von rei-nem Wasserdampf. Wir können nach-weisen, daß diese unsichtbare Sub-stanz eine Form des Wassers ist, indem wir etwas davon wieder in Flüssigkeit zurückverwandeln. Wir halten die inne-re Höhlung eines Löffels nahe vor die Tülle. Auf dem Löffel werden sich Was-sertropfen bilden.

Warum ist Eis leichter als Wasser?

Wenn wir jemanden fragen, was schwe-rer ist, ein Eimer voll Eis oder ein Eimer voll Wasser, wird er meistens geneigt sein, den Eimer voll Eis für schwerer zu halten. In der Regel halten wir feste Substanzen für schwerer als flüssige. Bei Wasser und Eis aber stimmt diese Annahme nicht. Ein Eimer Eis ist leichter als ein Eimer Wasser. Das Wasser unterscheidet sich von den meisten anderen Flüssigkeiten; wenn es gefriert und fest wird, wird es leich-ter.

Das können wir sehr leicht nachweisen.

1000 ccm Wasser füllen einen Topf genau bis zum Eichstrich für einen Liter.

Stellt man den Topf in ein Tief-kühlfach, wird das Wasser zu Eis und dehnt sich dabei aus.

Entfernt man das Eis über dem Strich und taut den Rest, steht das Wasser unter dem Strich.

Diese alte Kornmühle in Südtirol ist mehrere Jahrhunderte alt, arbeitet aber noch einwandfrei. Das Wasser wird aus einem Bach über offene Leitungen auf das Wasserrad geleitet und treibt es an.

Wir nehmen einen Meßbecher, wie die Hausfrau ihn braucht, um Mehl oder Zucker abzumessen. Wir füllen ihn bis zu einer bestimmten Meßzahl, sagen wir 1, mit Wasser. Nun stellen wir diesen Becher in den Eisschrank und lassen ihn darin, bis alles Wasser zu festem Eis gefroren ist. Wenn das geschehen ist, werden wir feststellen, daß das gefrorene Eis über unsere Meßzahl 1 hinausreicht. Das beruht darauf, daß Wasser sich ausdehnt, wenn es gefriert. Jetzt schmelzen wir alles Eis, das über die Meßzahl 1 hinausreicht und schütten es fort. Den Becher lassen wir stehen, bis alles Eis geschmolzen ist. Wir vergleichen jetzt den Stand des Wassers mit der Meßzahl. Es reicht nicht mehr bis zur Zahl Eins. Es wiegt deshalb auch weniger als eine Menge Wasser, die bis zur Meßzahl Eins reicht. Damit ist bewiesen: Eine bestimmte Menge Eis wiegt weniger als die gleiche Menge Wasser. Das wiederum bedeutet: Eis ist leichter als Wasser, weil es mehr Raum als dieses einnimmt.

Daß Eis leichter als Wasser ist, spielt in der Natur eine bedeutende Rolle: Wenn das Wasser in Seen und Flüssen im Winter zu Eis gefriert, schwimmt dieses an der Oberfläche; die Fische und Wasserpflanzen unter dem Eis nehmen keinen Schaden und können überleben.

Weil Eis leichter ist als Wasser, schwimmt es auch auf dem Wasser. Werfen wir Eiswürfel in ein Glas voll Wasser, so werden sie ein-

Warum frieren Fische im Winter nicht ein?

oder zweimal auf- und niedertauchen und dann auf der Oberfläche schwimmen. Das Eis, das wir auf den gefrorenen Teichen und Flüssen sehen, schwimmt auch auf der Oberfläche des Wassers. Diese Erscheinung ist für Pflanzen und Tiere, die im Wasser leben, sehr wichtig. Unter dem Eis können sie weiterleben. Das Eis wirkt wie ein Schutzschild gegen die kältere Luft über dem Eis. Wenn das Eis schwerer als das Wasser wäre, würde sich der

Grund der Teiche und Flüsse mit Eis füllen. Es könnte geschehen, daß der ganze Teich vom Grund bis zur Oberfläche gefriert. Dann würden alle Tiere und Pflanzen, die dort leben, einfrieren und sterben. Außerdem würde die Sonne im Frühling das Eis viel langsamer auftauen können. So braucht sie nur das Eis an der Oberfläche mit ihren wärmenden Strahlen zu schmelzen.

Wir wissen, daß Stahl viel schwerer als Wasser ist, und

Kann Stahl schwimmen?

doch können wir ein Stück Stahl auf dem Wasser schwimmen lassen! Es ist ganz einfach: Wir legen eine Nadel auf eine

Gabel und senken diese langsam ins Wasser. Die Nadel wird schwimmen. Wie kommt das?

Wasser besteht aus sehr kleinen Teilchen, Moleküle genannt. Jedes Molekül besteht aus zwei Atomen Wasserstoff und einem Atom Sauerstoff. Ein Wassermolekül ist so klein, daß es nicht einmal unter dem stärksten Mikroskop zu sehen ist. Die Moleküle vieler Stoffe hängen aneinander; sie ziehen sich an. Die Moleküle an der Oberfläche des Wassers hängen so sehr zusammen, daß sie eine Art Film oder Haut bilden. Und auf dieser Haut „schwimmt" die stählerne Nadel.

Die Wissenschaftler haben einen Namen für das feste Zusammenhalten der Moleküle einer Flüssigkeit, wie es das Wasser ist. Sie nennen es *Oberflächenspannung.*

Wenn wir die Nadel und die Oberfläche des Wassers unter der Nadel genau beobachten, sehen wir, daß sich der Oberflächenfilm unter dem Gewicht der Nadel einbiegt. Wenn der Oberflächenfilm bricht, wird die Nadel auf den Boden des Glases sinken.

Wenn wir die Oberflächenspannung vermindern, kann die Nadel nicht schwimmen. Das beweist ein einfaches Experiment: Wir lassen die Nadel wieder auf dem Wasser schwimmen. Dann streuen wir ein paar Körnchen Seifenpulver in das Glas. Die Nadel sinkt. Was ist geschehen? Die Seife verminderte die Oberflächenspannung, so daß die Moleküle an der Oberfläche nicht mehr stark genug zusammenhängen, um die Nadel tragen zu können. Wenn eine Hausfrau Seifenpulver in die Waschmaschine schüttet, vermindert dieses die Oberflächenspannung des Wassers, so daß das Wasser in die Kleidung eindringen und den Schmutz leichter fortspülen kann.

Um eine stählerne Nadel auf dem Wasser schwimmen zu lassen, legt man sie zunächst auf eine Gabel.

Wenn man die Gabel langsam in das Wasser taucht, bleibt die Nadel auf der Wasseroberfläche liegen — sie wird von der Oberflächenspannung getragen.

Nun wirft man vorsichtig einige Seifenflocken, wie man sie zur Wäsche braucht, auf das Wasser.

Die Seife vermindert die Oberflächenspannung des Wassers — die Nadel geht unter.

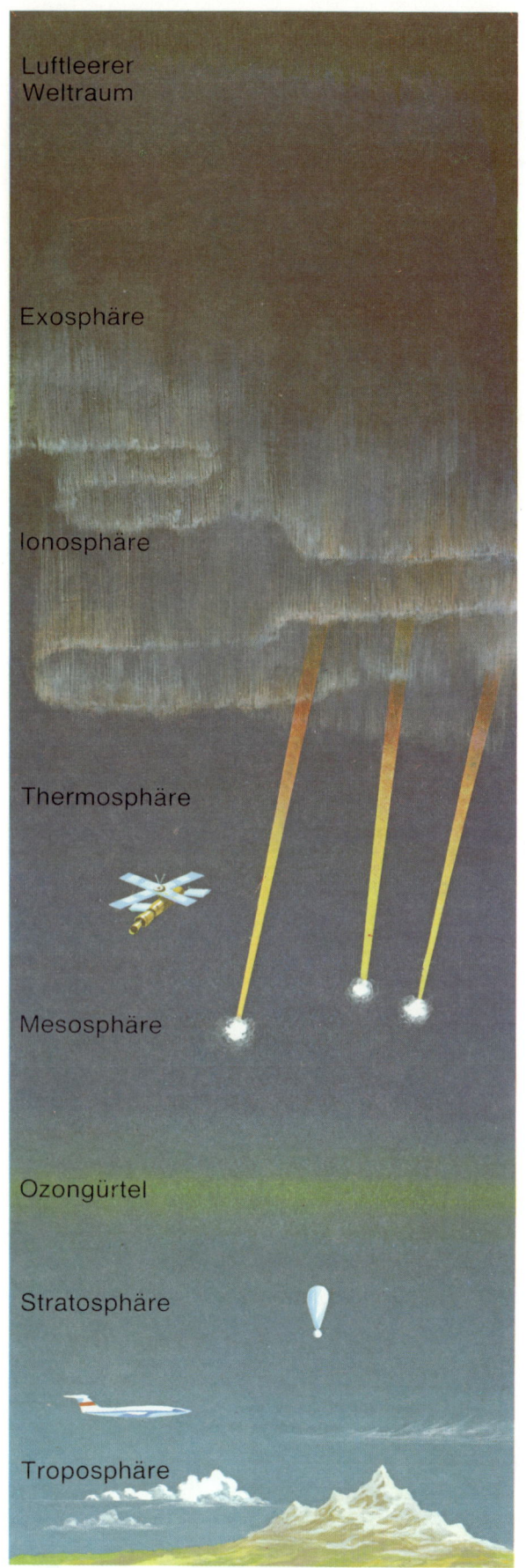

Luftleerer
Weltraum

Exosphäre

Ionosphäre

Thermosphäre

Mesosphäre

Ozongürtel

Stratosphäre

Troposphäre

Luft und Wasser in der Natur

Was sind die Schichten der Atmosphäre?

Die Gashülle um unsere Erde, die Atmosphäre, reicht über unserer Erdoberfläche etwa 1000 Kilometer in die Höhe. Die Wissenschaftler teilen diesen Raum in Schichten ein. Die erdnächste Schicht, die *Troposphäre,* ist in Polargebieten 8, in den Tropen bis 17 Kilometer dick. Selbst die höchsten Berge reichen nicht in diese Höhe. Über der Troposphäre folgt die *Stratosphäre.* Diese Schicht reicht etwa bis in 55 Kilometer Höhe. Hier ist die Luft sehr dünn, klar und kalt. Darüber liegt die *Mesosphäre* (bis 80 km), dann folgt die *Thermosphäre,* in der die Luft noch dünner wird. Diese Schicht reicht etwa bis in 1000 Kilometer Höhe. Im oberen Grenzbereich der Thermosphäre können einzelne Teilchen der Luft der Erdanziehung entfliehen und in den Weltraum entweichen. Diese oberste Schicht wird *Exosphäre* genannt. Über ihr kommt der luftleere Weltraum.

Innerhalb der Thermosphäre in einer Höhe von etwa 100 bis 400 Kilometer brechen die Lichtstrahlen der Sonne Atome der Luft auf, so daß elektrisch geladene Teilchen, Elektronen und sogenannte *Ionen,* frei werden. Diese Luftschicht hat deshalb auch den Namen *Ionosphäre* bekommen.

Die Atmosphäre (aus griech. atmos = Dunst und sphaira = Kugel) ist die Gashülle der Erde. Die unterste Schicht, auch „Stockwerk" genannt, die Troposphäre, ist bis 17 km hoch; in ihr spielt sich das Wetter ab. Darüber liegen die Stratosphäre (55 km), die Mesosphäre (80 km) und die Thermosphäre, deren oberste Schicht die Exosphäre (bis 1000 km) ist. Hier beginnt der luftleere Weltraum. Innerhalb der Thermosphäre liegt in 100 bis 400 km Höhe die Ionosphäre, in der über Polgebieten das Polarlicht leuchtet. (Die Höhenmaßstäbe sind aus Platzgründen verzerrt.)

Experiment: Ist kalte Luft schwerer als warme?

Wir blasen einen Luftballon zu etwa 25 cm Durchmesser auf und verknoten ihn sorgfältig. Dann legen wir ihn in die Kühltruhe oder in den kühlsten Teil des Kühlschranks. Wir lassen ihn über Nacht darin liegen. Sofort, nachdem wir ihn am Morgen herausgeholt haben, messen wir den Umfang. Wir finden, daß er kleiner geworden ist. Sobald wir gemessen haben, legen wir den Ballon wieder in den Kühlschrank zurück. Die Luft im Ballon hat sich zusammengezogen oder verdichtet. Der Ballon ist kleiner geworden, das heißt, die Luft nimmt jetzt weniger Raum ein als vorher, da sie warm war. Kalte Luft nimmt immer weniger Raum ein als warme.

Nun blasen wir einen zweiten Luftballon auf, ebenfalls zu etwa 25 cm Durchmesser. Dieser Ballon enthält nun ebenso viel Luft wie jener, mit dem wir das erste Experiment gemacht haben.

Wir holen den ersten Ballon wieder aus dem Kühlschrank heraus. Nehmen wir an, wir sollten die beiden Ballons wiegen — welcher würde schwerer sein? — Keiner! Denn wir haben ja beidemal dieselbe Menge Luft hineingeblasen.

Jetzt lassen wir aus dem warmen Ballon so viel Luft heraus, bis er so klein geworden ist wie der kalte Ballon. Da wir aus dem warmen Ballon Luft herausgelassen haben, enthält er jetzt weniger Luft als der kalte Ballon.

Wenn wir beide Ballons wiegen würden, welcher würde weniger wiegen? — Natürlich der warme Ballon; denn wir haben ja etwas Luft herausgelassen. Aber beide Ballons sind jetzt gleich groß (obgleich einer mehr Luft enthält!); deshalb muß der schwerere Ballon schwerere Luft enthalten — nämlich kalte Luft.

Wie entsteht das Polarlicht?

Im hohen Norden oder in der Nähe des Südpols unseres Globus kann man manchmal großartig leuchtende Lichterscheinungen am nächtlichen Himmel beobachten. In herrlichen Farben, riesigen wallenden Vorhängen gleich, erstrahlt der Himmel im Norden oder im Süden. Dies wallende Licht wird von den Elektronen und Ionen verursacht, die sich in der Ionosphäre bewegen. Wir nennen diese Erscheinung Polarlicht. Die wissenschaftlichen Bezeichnungen lauten *aurora borealis* (Nordlicht) und *aurora australis* (Südlicht).

Warum weht der Wind?

Wir wissen, daß der Wind dadurch entsteht, daß die Luft sich bewegt. Aber was bringt die Luft dazu, sich in riesigen Massen über die Erdoberfläche hinwegzubewegen?

Weil die Gebiete in der Nähe des Äquators am wärmsten sind, wird die Luft, die sich dort befindet, mehr erwärmt als in anderen Gebieten der Erde. Sie wird durch die kühlere, schwerere Luft, die sich nördlich und südlich vom Äquator befindet, nach oben gedrückt. Diese kälteren Luftmassen fließen in das Gebiet am Äquator ein und werden hier ebenfalls erwärmt; sie steigen nach

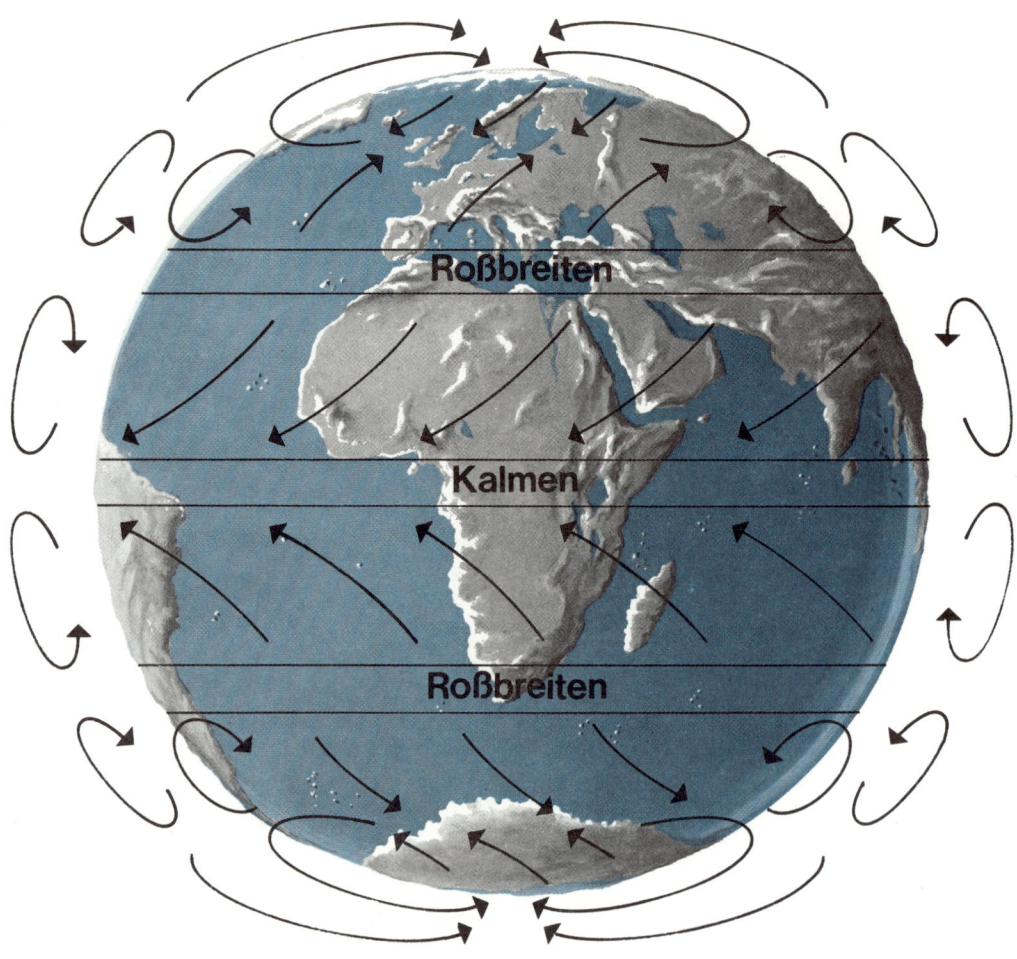

Roßbreiten

Kalmen

Roßbreiten

Das sind die großen Windgürtel der Erde. Innerhalb jedes Gürtels können lokale Winde wie zum Beispiel die indischen Monsune in anderen Richtungen wehen. Die Kalmen (frz. = Ruhe) und die Roßbreiten trennen die einzelnen Gürtel voneinander. Hier herrschen schwache veränderliche Winde oder gar Windstille vor.

oben und fließen in der Höhe nordwärts und südwärts ab. Sie kühlen beim Aufsteigen und in der Höhe stark ab, sinken wieder nieder und treten abermals ihre Reise zum Äquator an.

So entstehen die Passatwinde, das sind mächtige Luftbewegungen, die ständig über die Oberfläche der Ozeane in Richtung auf den Äquator hin stattfinden. Sie fließen aber nicht direkt zum Äquator, weil sich die Erde von West nach Ost schneller bewegt als die Luft, die über ihre Oberfläche streicht. Die Erde dreht sich gewissermaßen unter den Passatwinden hinweg; sie läßt sie etwas zurück. Darum weht der Nordpassat nicht von Norden nach Süden, sondern von Nordost nach Südwest. Auf der Südhalbkugel dagegen weht er von Südost nach Nordwest.

Warum ist es an Meeresküsten im Sommer kühler?

Im Sommer wird das Land stärker erwärmt als das Wasser. Im Binnenland messen wir an heißen Sonnentagen hohe Temperaturen; an der Meeresküste aber weht am gleichen Tage ein erfrischender Wind. Wie kommt das?

Die über dem Land befindliche Luft wird stärker erwärmt, dehnt sich aus und wird leichter. Kühlere, schwerere Luft, die sich über dem Gewässer befindet, fließt ins Land und drückt die leichtere Luft nach oben. Die aufsteigende Luft fließt in Richtung des Wassers, kühlt dort ab und sinkt zur Oberfläche, wo sie den Platz der abgeflossenen kalten Luft einnimmt und weiter

Chicago (oben) liegt weit vom Meer entfernt, Hamburg dagegen (rechts oben) in Meeresnähe. Das Meer hat eine größere Wärmekapazität, es erwärmt sich also langsamer als das Festland, kühlt aber auch langsamer ab. Als Folge davon ist der Unterschied zwischen der mittleren Sommer- und der mittleren Wintertemperatur im meerfernen Chicago größer als im meeresnahen Hamburg.

abkühlt. Abermals fließt sie ins Landinnere und drückt dort jene Luft nach oben, die vorher als kalte Luft einströmte, aber inzwischen vom Land erwärmt wurde. So entsteht bei sonnigem Wetter an den Küsten tagsüber ein ständiger Kreislauf der Luft.

In der Nacht wechselt der Kreislauf, er kehrt sich ins Gegenteil. Die Oberfläche des Landes, Erde, Sand und Fels, die von der Sonne schnell erwärmt wird, kühlt ebenso schnell ab, wenn die Sonne untergeht. Die obere Schicht des Wassers dagegen erwärmt sich

unter den Strahlen der Sonne langsam und kühlt sich auch langsam ab, wenn es Nacht wird. Nach Sonnenuntergang wird die Landoberfläche bald kühler als die nahegelegene Wasserfläche. Die Luft über dem Wasser wird durch ihren Kontakt mit der Wasseroberfläche erwärmt, und kalte Luft strömt vom Lande her auf das Wasser; sie drückt die warme Luft nach oben. Diese warme Luft fließt landeinwärts, wird dort abgekühlt, sinkt zu Boden und fließt wieder zurück aufs Wasser. So schließt sich der Kreislauf der Luft.

Tags weht der Wind vom Meer zum Land, steigt auf und strömt in großer Höhe zum Meer zurück.

Nachts wechselt der Kreislauf seine Richtung: Der Wind weht vom Land auf das Meer hinaus.

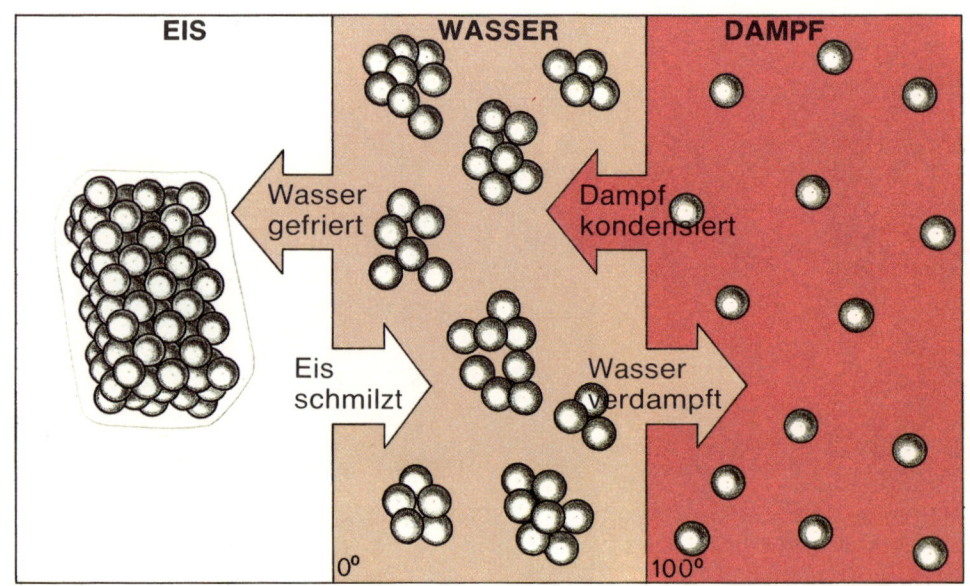

EIS   WASSER   DAMPF

Wasser gefriert

Dampf kondensiert

Eis schmilzt

Wasser verdampft

0°   100°

Wasser besteht aus Molekülen. Im Eis sind diese Moleküle dicht gelagert und fest verbunden. Unter Wärmezuführung schmilzt Eis zu Wasser, das heißt, die Anziehungskraft der Moleküle ist nicht mehr stark genug, sie starr zusammenzuhalten. Führt man noch mehr Wärme zu, verlieren die Moleküle jeden Zusammenhang — es entsteht Wasserdampf.

Das Wasser besteht, wie wir wissen,

Wie kann Wasser in Luft übergehen?

aus kleinsten Teilchen, den *Molekülen.* In vielen Flüssigkeiten, so auch im Wasser, stoßen die Moleküle ständig gegeneinander. Einige an der Oberfläche des Wassers werden dabei losgerissen und fliegen in die Luft. Die meisten Moleküle fallen zurück, aber einige werden so hart getroffen und fliegen so schnell, daß sie von den Molekülen der Luft, die sie umgeben, eingefangen werden. Diese Moleküle werden zwischen den Luftmolekülen weitergestoßen und kehren nicht ins Wasser zurück.

Weil so viele Moleküle aus dem Wasser fliegen, wird es immer weniger. Dieser Vorgang, bei dem eine Flüssigkeit ihre Moleküle an die Luft verliert, wird *Verdampfung,* wissenschaftlich Evaporation, genannt.

Normalerweise verdampft Wasser so langsam, daß wir es kaum bemerken. Wenn Wasser in unbedecktem Gefäß bei normaler Temperatur im Zimmer steht, kann es mehrere Tage dauern, bis alles Wasser verdampft ist. Stellen wir das Gefäß an einen warmen, sonnigen Platz, bedarf es nur weniger

Stunden. Gießen wir das Wasser in eine Pfanne und erhitzen wir diese auf einem Herd, so kann die Verdampfung in wenigen Minuten vor sich gehen. Wir erkennen daraus, daß Hitze die Verdampfung beschleunigt. Warum? Weil die Moleküle sich in einer warmen Flüssigkeit schneller und heftiger bewegen und dadurch leichter in die Luft gestoßen werden können.

Wasser verdampft im Schatten (oben rechts) langsamer als in der Sonne (oben links), weil Wärme die Verdampfung fördert. Im Teller (unten links), der eine größere Oberfläche hat, verdampft Wasser schneller als in einem Löffel.

An einem heißen, schwülen Sommertag sagt mancher: „Mich quält nicht die Hitze, es ist die Feuchtigkeit." Was bedeutet das? Als Feuchtigkeit wird der Gehalt an Wasserdampf in der Luft bezeichnet. Wenn viel Wasserdampf in der Luft ist, sagen wir, daß die Luftfeuchtigkeit hoch ist. Ist die Luft trocken, sagen wir, die Feuchtigkeit sei gering. Wir fühlen uns nicht wohl, wenn die Feuchtigkeit zu hoch ist. Aus den Poren unserer Haut kann nur wenig Wasser verdampfen, weil zuviel Wasser in der Luft ist.

Im Wetterbericht des Rundfunks oder des Fernsehens heißt es manchmal: „Die Luftfeuchtigkeit beträgt 70 Prozent." Das bedeutet, daß die Luft 70 Prozent oder sieben Zehntel derjenigen Wassermenge enthält, die sie überhaupt aufnehmen kann. Wenn die Luft die gesamte Wassermenge enthält, die sie überhaupt aufnehmen kann, sagen wir, sie ist *gesättigt*. Beträgt die Luftfeuchtigkeit mehr als 100 Prozent, beginnt es zu regnen.

Warme Luft kann mehr Wasser aufnehmen als kalte Luft. Wenn warme feuchte Luft abgekühlt wird, gibt sie einen Teil ihres Wassers ab. Das können wir im Sommer beobachten: Nach Sonnenuntergang liegt der Tau auf den Gräsern. Wenn die Sonne untergegangen ist, kühlt sich das Gras ab. Die Luft kommt mit dem kühlen Gras in Berührung, und auch sie kühlt sich ab. Die kühle Luft kann den Wassergehalt nicht mehr tragen, und ein kleiner Teil ihrer Wassermenge schlägt sich auf dem Gras nieder, sie *kondensiert*. Wir sehen das Wasser als Tautropfen auf den

Was bedeutet „70 Prozent Luftfeuchtigkeit"?

Tautropfen auf Rosenblättern, von vielen Dichtern besungen, sind in Wirklichkeit nichts als ein Ergebnis der Physik: Nachts kühlt die Luft ab und kann das in ihr enthaltene Wasser nicht mehr tragen. Das Wasser kondensiert auf der ebenfalls kühler gewordenen Rose zu Tautropfen.

Grashalmen glitzern. Wissenschaftler nennen deshalb den Temperaturzustand der Luft, bei dem ein Teil ihres Wasserdampfes zu kondensieren beginnt, den *Taupunkt*.

Wir können etwas vom Wasserdampf der Luft kondensieren, wenn wir ein Trinkglas mit Eis füllen und das Gefäß in einen warmen Raum bringen. Bald werden sich an der Außenfläche des Glases Wassertropfen bilden. Wenn die Luft mit dem eiskalten Behälter in Kontakt kommt, wird sie gekühlt und gibt etwas von ihrer Feuchtigkeit ab.

Diese Erscheinung können wir im täglichen Leben in unserer Umgebung oft wahrnehmen: Bei kühlem Wetter be-

Warme Luft kühlt an der kalten Außenwand eines Eisbechers ab, ein Teil ihres Wassergehalts kondensiert als Tropfen, der an der Wand des Behälters hinunterrinnt.

schlagen die Fensterscheiben unseres Wohnzimmers. Die Fensterscheibe ist durch die Außentemperatur kalt geworden. Wo die warme Luft des Innenraums das Glas berührt, wird sie abgekühlt; sie muß einen Teil ihres Feuchtigkeitsgehalts abgeben. An der Innenseite des Glases bildet sich bald ein feiner Film von Feuchtigkeit.

Wenn wir am frühen Morgen in ein Auto steigen, werden wir oft nach kurzer Fahrt die Scheiben des Autos von innen abwischen müssen, weil die Fenster beschlagen. Sie sind noch kalt von der Kühle der Nacht. Die warme Atemluft der Insassen schlägt gegen die kalten Scheiben, sie kühlt ab, und wieder-

um bildet sich der feine Film von Wasser, der uns die Sicht nach außen nimmt. Unsere warme Atemluft enthält immer auch Wasser in Form von Wasserdampf.

Wie für alle Pflanzen und Tiere, so ist das Wasser auch für den menschlichen Körper lebenswichtig. Er besteht zu 60 bis 70 Prozent aus

Was bedeutet das Wasser für den menschlichen Körper?

Wasser! Wasser befindet sich in jeder unserer Zellen, und keine Zelle könnte ihre Aufgabe ohne Wasser erfüllen. Für unseren Körper ist es ein wichtiges Transportmittel; denn Wasser kann viele Stoffe aufnehmen, indem es sie löst. Wir schütten zum Beispiel Zucker hinein und rühren das Wasser um. Der Zucker verschwindet scheinbar; aber er ist doch im Wasser enthalten; es schmeckt süß. So können wir es mit Salz machen und mit vielen anderen Stoffen. Unsere Blutflüssigkeit, das Plasma, besteht zu 90 Prozent aus Wasser. Mit dem Blut transportiert es die im Verdauungssystem umgewandelten Nährstoffe als eine Nährlösung in alle Organe des Körpers.

Wasser dringt in die feinsten Gewebe. Ohne seine Mitwirkung könnte der Stoffwechsel nicht stattfinden, das Blut nicht kreisen, keine Zelle sich teilen, könnten die wichtigen Hormone nicht wirken.

Das Wasser regelt auch unsere Körpertemperatur. Wenn wir nach dem Schwimmen an einem windigen Sommertag aus dem Wasser kommen, scheint der Wind, der unseren Körper berührt, viel kälter zu sein als vorher. Warum?

Wie kühlt bewegte Luft unseren Körper?

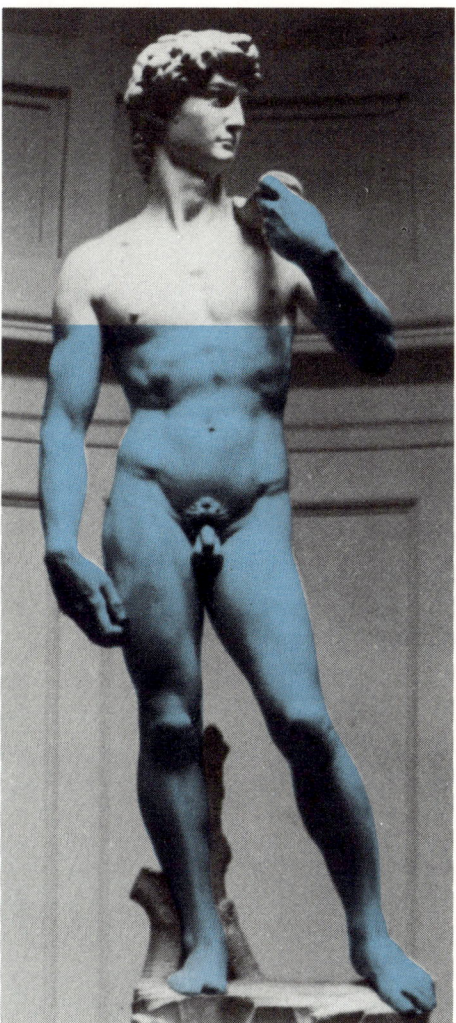

Mensch, Tier und Pflanzen — kurz, alle Lebewesen brauchen Wasser nicht nur, um leben zu können; sie bestehen auch zu einem großen Teil aus Wasser. Der Mensch — hier dargestellt an Michelangelos „David mit der Schleuder" — besteht zu 65—70 %, die Pflanzen, hier eine Sonnenblume, sogar bis zu 97 % aus Wasser. (Der Wasseranteil ist blau dargestellt.)

Wenn wir sehr erhitzt sind, geben wir durch die Poren unserer Haut Wasser ab: Wir schwitzen. Weil der Schweiß auf unserer Haut verdampft, entzieht der Verdampfungsvorgang unserer Haut Wärme, und wir fühlen uns erfrischt. Wenn dann noch eine frische Brise weht, die den Schweiß noch schneller verdampfen läßt, kühlen wir noch schneller ab.

Auch Pflanzen geben ständig Wasser an die Luft ab. Der größte Teil des Wassers wird durch zahllose feinste Spaltöffnungen in den Blättern als Wasserdampf an die Luft abgegeben. Dieser Wasserverlust wird durch die Wurzeln wieder ausgeglichen: Sie saugen Wasser aus dem Erdreich an. In heißen Gegenden, in Wüsten zum Beispiel, verdampft das Wasser sehr schnell, und im Boden ist nur sehr wenig Wasser gespeichert. Wenn Wüstenpflanzen Blätter hätten, würden sie mehr Wasser verlieren, als sie aus dem Boden ersetzen können. Deshalb haben die meisten Kakteenarten keine Blätter, aus denen Wasser verdampfen könnte. Sie besitzen statt dessen einen dicken, fleischigen Stamm, der Wasser aufnehmen und bewahren kann. Der Tonnenkaktus zum Beispiel enthält mehrere Liter Wasser in seinem Stamm; das hat schon vielen dürstenden Wanderern, die sich in der Wüste verirrt hatten, das Leben gerettet. Eine andere Art, das „Greisenhaar", ist völlig mit einer Menge grau-weißer „Haare" bedeckt, die den Kaktus vor den Sonnenstrahlen schützen und nur wenig Wasser verdampfen lassen.

Der Wassergehalt der Kakteen hat schon vielen durstigen Verirrten in der Wüste das Leben gerettet.

Was sind Wolken?

Wenn Luft bis auf den Taupunkt abkühlt, schlägt sich der Wasserdampf in Form von Tropfen an Staub- oder Rauchteilchen nieder, die in der Lüft schweben. Die Tropfen, die auf diese Weise entstehen, sind sehr klein und können lange Zeit in der Luft schweben. Wolken bestehen aus zahllosen solcher Tröpfchen. Wenn sich Wolken in einer Luftschicht bilden, welche die Erde berührt, sagen wir, daß sich Nebel gebildet hat. Nebel sind also in Wirklichkeit tiefliegende Wolken. Nicht alle Wolken bestehen aus Wassertröpfchen. Manchmal werden Luftschichten, die sich in Erdnähe befinden, durch schnelle Aufwinde in große Höhen, 8000 Meter und höher, hinaufgetrieben. Die aufsteigende Luft wird dann sehr schnell bis unter den Gefrierpunkt abgekühlt. Dadurch gefriert das kondensierte Wasser, und es bilden sich Wolken, die aus kleinen Eiskristallen bestehen. Wer schon einmal am Himmel in großer Höhe die federartigen „Schäfchenwolken" schweben sah, der hat solche Eiswolken angeschaut.

Wie kann man Regen machen?

Wenn die Temperatur der Luft unter den Taupunkt fällt, vereinigen sich die Wassertröpfchen, die eine Wolke bilden, zu so großen Wassertropfen, daß sie in der Luft nicht mehr schweben können. Solche Wassertropfen fallen als Regen herunter. Manchmal geschieht es, daß die Temperatur in einer Wolke zwar tief genug fällt, damit sich Regentropfen bilden könnten, aber die Tröpfchen schließen sich dennoch nicht zu Regentropfen zusammen, weil die Abkühlung zu langsam geschah. Dann sagt man, die Wolke ist unterkühlt. In solcher Wolke würden Regentropfen entstehen, wenn sie plötzlicher abkühlte. Das kann durch ein Flugzeug geschehen, das über der Wolke eine große Zahl von Trockeneis-Kügelchen fallen läßt. Trockeneis besteht aus Kohlensäureschnee, das ist gepreßtes und fest gewordenes Kohlendioxydgas; man benutzt es auch als Kühlmittel, zum Beispiel, um Speiseeis kalt zu halten. Es ist außerordentlich kalt. Wenn Wassertröpfchen in der unterkühlten Wolke mit den Kügelchen des Trockeneises in Berührung kommen, werden sie stark abgekühlt, so daß viele der Tröpfchen zu Wassertropfen kondensieren. Und viele solcher Tropfen bewirken, daß benachbarte Tröpfchen ebenfalls Tropfen bilden. Nach kurzer Zeit kondensiert die ganze Wolke, und es regnet.

Es gibt noch eine andere Art, Regen zu machen: Flugzeuge „besäen" eine Wolke mit Silberjodid, einem festen Stoff, der wie braunes Salz aussieht. Wenn Kristalle von Jodsilber in einen kleinen Ofen gebracht und erhitzt werden, dann brechen sie in sehr kleine Teilchen auseinander. In einer Wolke schwebend, kann jedes Kristallteilchen zum Mittelpunkt eines Regentropfens werden.

Wenn wir imstande wären, diese Methode so zu verbessern, daß besäte Wolken immer an den gewünschten Stellen ihre Feuchtigkeit als Regen niederschlagen, wäre das für die Menschen von größtem Nutzen. Durch das Besäen von Wolken könnten wir so für immer die Dürre beendigen, die in einigen Gegenden regelmäßig wiederkehrt oder gar dauernd besteht. Weite Gebiete der Erde könnten dann in fruchtbares Land verwandelt werden; denn selbst in Zeiten großer, wochen- und monatelanger Trockenheit ziehen oft Wolken über das ausgedörrte Land. Erfolgreiches Besäen dieser Wolken könnte den Regen bringen, den das Land braucht, um fruchtbar zu sein.

Federwolken (Cirrus): Wind in großer Höhe

Schäfchenwolke (Altokumulus): Wetterbesserung

Schauerwolken (Kumulonimbus): Gewitter

Haufenwolken (Kumulus): Gutes Wetter

Was ist der Kreislauf des Wassers?

Nehmen wir an, wir sitzen in einem Raumschiff und sehen auf die Erde nieder. Dann können wir unten viele Wolken sehen. Einige dieser Wolken verschwinden langsam, lösen sich auf, andere erscheinen an Stellen, wo vorher keine Wolke war. Wir sehen einen Teil dessen, was Wissenschaftler den *Kreislauf des Wassers* nennen, nämlich die Verwandlung von Wasser in Wasserdampf und die Rückverwandlung von Wasserdampf in fließendes Wasser. Diese Verwandlungen geschehen wieder und wieder. Wir wollen nun solch einen Kreislauf verfolgen.

Ein Wassertröpfchen befindet sich an der Oberfläche des Ozeans, und weil das Sonnenlicht das Wasser erwärmt, verdampft der Tropfen. Nun schwebt er als Wasserdampf in der Luft, bis er um ein Staubteilchen zu einem Tropfen kondensiert, der mit zahllosen anderen eine Wolke bildet. Die Wolke wird von Winden dahingetrieben, bis sie auf kalte Luft trifft. Wenn das geschieht, fällt die Wolke als Regen in den Ozean zurück. Unser Wassertropfen hat den Kreislauf beendet.

Oft nimmt der Kreislauf des Wassers einen Wassertropfen mit auf eine lange Reise. Wenn zum Beispiel ein Tropfen aus dem Ozean verdampft, kann er als Wasserdampf durch einen Luftstrom in das Innere eines Kontinents getragen werden. An den Abhängen eines Gebirges kondensiert er in einer Regenwolke, fällt nieder und bildet mit zahllosen anderen Wassertropfen ein Rinnsal, das abwärts fließt und in einen Bach mündet; der Bach mündet in einen Fluß, und dieser wiederum vereinigt sich mit anderen Flüssen zu einem großen Strom, der Hunderte von Kilometern durchs Land fließt, bis er sich in den Ozean ergießt. Der Kreis-

Erst 16 Pferde konnten die von Otto von Guericke luftleer gepumpten beiden Halbkugeln auseinanderreißen. Damit hatte der Magdeburger Bürgermeister die Kraft des Luftdrucks bewiesen.

lauf des Wassers hat den Tropfen auf eine lange Reise vom Ozean aufs Land und wieder zurück in den Ozean getragen.

Manchmal macht der Tropfen auch lange Umwege. Der Regen kann im Erdboden versickern. Die Wurzeln einer Pflanze saugen das Wasser auf, und bald befindet es sich im Blatt der Pflanze. Dort verdampft es durch die Spaltöffnungen und geht als Wasserdampf wieder in die Luft über. An einem kühlen Abend kann es geschehen, daß dieser Wasserdampf sich als Tautropfen an einem Grashalm niederschlägt und am frühen Morgen, wenn die Sonne scheint, wieder verdampft.

Wie gelangt Wasser in die Wipfel der Bäume?

Das Wasser fließt normalerweise abwärts, aber es kann sich auch aufwärts bewegen, ohne daß es nach oben gepumpt wird. Wir machen ein einfaches Experiment. In ein Glas mit Wasser tun wir einen Trinkhalm. Wir schütten ein wenig Tinte ins Wasser, so können wir es besser beobachten. Das Wasser steigt in dem Halm über die Wasseroberfläche im Glas hinaus nach oben. Die Wissenschaftler nennen dieses Aufsteigen des Wassers in engen Röhren *Kapillarität*. Diese Eigenschaft des Wassers ist sehr wichtig. Sie läßt das Wasser in die Wipfel aller Bäume und aufstrebenden Pflanzen steigen.

Wie kann das geschehen? Wenn der Trink- oder Strohhalm ins Wasser getaucht wird, werden die Moleküle des Wassers von jenen Molekülen des Halms, die sich direkt über ihnen befinden, angezogen. Die Anziehung zwischen den Wassermolekülen und denen des Halms ist größer als die Anziehung unter den Wassermolekülen selbst. Deshalb werden die Wasser-

Die Kapillarität läßt das Wasser in einem Strohhalm höher steigen als die umgebende Wasseroberfläche. Nach diesem Prinzip färben Gärtner Blumen, indem sie die Stiele in gefärbtes Wasser stellen. Das Wasser steigt in der Blume hoch und gibt ihr die gewünschte Farbe.

moleküle, die sich an den inneren Wänden des Halms befinden, nach oben gezogen. Weil aber Wassermoleküle zusammenhängen, ziehen die aufsteigenden Moleküle andere nach. Deshalb steigt das Wasser im Halm nach oben, und zwar so lange, bis das Gewicht des Wassers im Halm der Kraft gleich ist, die es nach oben zieht. In den Stengeln der Pflanzen und in den Stämmen der Bäume befinden sich viele Tausende von feinen Röhrchen. Durch die Kapillarität steigt das Wasser, das aus dem Erdboden angesogen wird, aufwärts.

Zwischen der Erde und der Atmosphäre findet ein ununterbrochener Wasseraustausch statt. In diesem Kreislauf verdunstet das Wasser aus Gewässern oder Pflanzen. Der aufsteigende Wasserdampf kondensiert zu Wolken und kehrt als Regen, Schnee oder Tau zur Erde zurück. Dort wird er vom festen Boden aufgenommen oder fließt mit den Flüssen wieder in das Meer.

Weil die Luft Gewicht hat, übt sie auf

Was ist Luftdruck?

alle Dinge, die sich in ihr befinden, einen Druck aus. In Höhe des Meeresspiegels beträgt ihr Druck auf einen Quadratzentimeter etwas über 1000 Gramm. Nehmen wir an, wir könten eine Luftsäule, die eine Grundfläche von einem Quadratzentimeter und eine Höhe von 1000 Kilometer hat, auf Meereshöhe wiegen, so würden wir feststellen, daß sie etwas über 1000 Gramm wiegt.

Weil der Luftdruck auf das Gewicht der Luft zurückzuführen ist, nimmt er natürlich mit zunehmender Höhe ab. Je höher wir hinaufsteigen, um so weniger Luft befindet sich über uns, um so

geringer wird der Druck. Zehn Kilometer über der Erdoberfläche beträgt er nur noch etwa 280 Gramm auf den Quadratzentimeter. In 15 Kilometer Höhe wiegt die Luftsäule nur noch 140 Gramm, und in 150 Kilometer Höhe ist ihr Gewicht verschwindend gering.

Die Luft drückt jedoch nicht nur nach unten, sondern gleich stark nach allen Richtungen. Der gesamte Druck, den die Luft auf den ganzen Körper eines Menschen ausübt, beträgt mehrere Tonnen. Warum quetscht ein so großer Druck unseren Körper nicht zusammen? Weil unser Blut und jede Zelle unseres Körpers Gase enthalten, die den Luftdruck von außen durch einen gleich großen Gegendruck von innen ausgleichen. So kommt es, daß wir überhaupt keinen Luftdruck empfinden.

Im Jahre 1653 setzte ein deutscher Wissenschaftler, Otto von Guericke, jedermann in Erstaunen, als er zeigte, wie stark der Luftdruck ist.

Was war Guerickes Experiment?

Er benutzte dazu zwei Halbkugeln von etwa 55 Zentimeter Durchmesser. Die Ränder waren glatt geschliffen und mit einem Schmiermittel bestrichen, so daß sie genau aufeinanderpaßten und keine Luft durchließen. Guericke setzte die Halbkugeln auf ihren Rändern aneinander, und mit einer Luftpumpe, die er erfunden hatte, saugte er die Luft aus der Hohlkugel, so gut es nur ging. So stark war der äußere Luftdruck — mehr als 13 Tonnen —, daß erst 16 Pferde, je acht an jeder Seite, imstande waren, die beiden Hohlkugeln auseinanderzureißen.

Wir wissen, daß eine Luftsäule von einem Quadratzentimeter Grundfläche und von 1000 Kilometer Höhe etwas über 1000 Gramm (1 kg) wiegt.

Wie messen wir den Luftdruck?

Genauso viel wiegt auch eine 76 cm hohe Quecksilbersäule mit gleicher Grundfläche. Diese Tatsache können wir benutzen, um den atmosphärischen Druck (Luftdruck) zu messen.
Würde man eine oben geschlossene Glasröhre, die mehr als 76 Zentimeter lang ist, mit Quecksilber füllen und sie dann mit ihrem unteren, offenen Teil in eine Schale voll Quecksilber tauchen, wird ein geringer Teil des Quecksilbers aus der Röhre in die Schale fließen. Das geschieht so lange, bis das Gewicht des Quecksilbers in der Röhre sich mit dem Luftdruck, der auf das Quecksilber in der offenen Schale wirkt, im Gleichgewicht befindet. Es läuft also nicht das ganze Quecksilber

aus der Röhre heraus. In der Röhre bleibt eine Quecksilbersäule von etwa dreiviertel Meter Höhe stehen. Über dieser Säule bildet sich ein vollkommen leerer Raum. Auf das Quecksilber, das sich in der Röhre befindet, übt also keine Luft irgendwelchen Druck aus. Diese Einrichtung, die aus einer Glasröhre und Quecksilber besteht, wird *Quecksilberbarometer* (Barometer = griech. Druckmesser) genannt.
Denken wir uns, wir trügen ein Quecksilberbarometer von einem Ort am Meeresufer auf einen Berg. Wenn wir unseren Aufstieg beginnen, mißt die

Experiment: Kann Luft einen Druck ausüben?

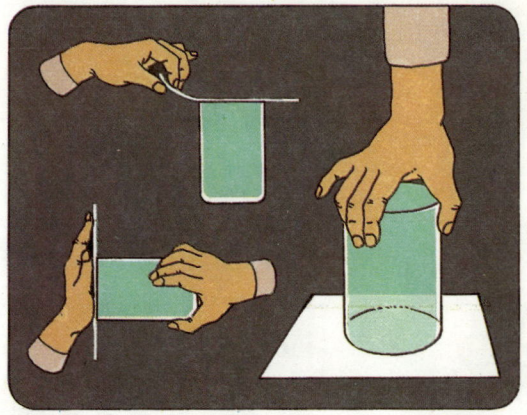

Wir füllen ein kleines Wasserglas bis an den Rand mit Wasser. Wir müssen das sorgfältig und langsam machen, bis wir eine leichte Aufwölbung des Wassers über dem Rand erkennen. Dann legen wir ein flaches Stück Pappe auf das Glas, drücken den Ballen unserer Hand auf die Pappe und fassen das Glas mit der anderen Hand. Schnell wird das Glas umgedreht; es darf kein Wasser herausfließen. Die Hand läßt jetzt die Pappe los — und die Pappe bleibt an ihrem Platz! Warum?
Weil das Gewicht des Wassers sie nicht wegdrücken kann: Der Luftdruck preßt sie nach oben; er wirkt also auch von unten. Und er ist größer als das Gewicht des Wassers.

Quecksilbersäule 760 Millimeter. Wenn wir 300 Meter aufgestiegen sind, zeigt sie nur noch knapp 740 mm. Befänden wir uns aber in 5600 Meter Höhe, so würde die Quecksilbersäule nur etwa halb so hoch sein wie auf Meereshöhe. In 16 Kilometer Höhe sinkt sie auf ein Zehntel und in 32 Kilometer Höhe ist sie nur noch sieben bis acht Millimeter hoch.

Warum wird die Quecksilbersäule niedriger, wenn das Barometer in die Höhe getragen wird? Weil die Luftsäule, die das Gewicht des Quecksilbers ausgleicht, kürzer und damit leichter wird, je höher wir kommen. Wir wissen, daß die Luftsäule auf Meereshöhe etwas über ein Kilogramm wiegt. Bei 2500 Meter Höhe über dem Meer wiegt die Luftsäule nur noch etwa 785 Gramm, und sie wird durch eine Quecksilbersäule von etwa 60 Zentimeter Höhe ausgeglichen.

Wenn wir also die Höhe einer Quecksilbersäule in einer Glasröhre messen, messen wir damit den Druck der über ihr liegenden Luftsäule.

Eine andere Art des Barometers ist das Aneroidbarometer. (Das Wort „aneroid" bedeutet „ohne Flüssigkeit".) Ein solches Barometer enthält

Was ist ein Aneroid-barometer?

kein Quecksilber. Der wichtigste Teil eines Aneroidbarometers ist eine luftdichte, flache, runde Dose aus Blech, deren Boden und Deckel wie Wellpappe kreisrund gewellt sind. Aus dieser

Nach seinem Experiment mit den Halbkugeln baute Guericke ein Wasserbarometer: Ein Rohr von über 10 m Länge mit Glasfenstern an den Seiten wurde mit Wasser gefüllt. Dann drehte Guericke das Rohr um und stellte es mit dem offenen Ende in einen Wasserkübel. Je nach Veränderung des Luftdrucks stieg oder fiel das Wasser in dem Rohr.

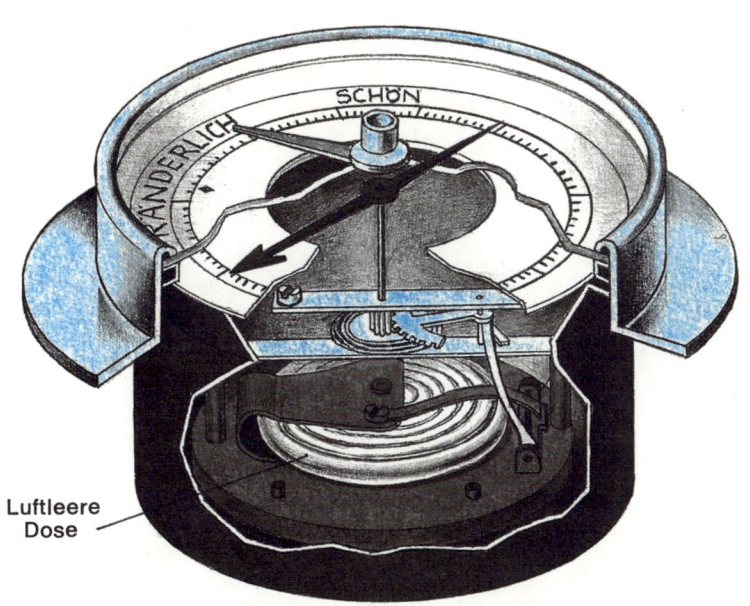

Luftleere
Dose

Das Aneroid ist ein Barometer mit einer luftleeren Metalldose. Wenn sich der Luftdruck ändert, dehnt die Dose sich in ihrer Höhe aus oder wird zusammengedrückt. Diese Veränderung macht ein Zeiger auf einer Skala sichtbar.

Dose hat man die Luft herausgepumpt. Damit der äußere Luftdruck die Dose nicht zusammendrückt, befindet sich zwischen Deckel und Boden eine starke Feder, die zwar nachgeben kann, aber das völlige Zusammendrücken verhindert. Wenn nun der Luftdruck steigt, drückt er Deckel und Boden der Dose mitsamt der Feder ein wenig zusammen. Diese Bewegung wird durch eine Schnur oder eine feine Kette, die am Deckel befestigt ist, auf die bewegliche Achse eines Zeigers übertragen. Der Zeiger zeigt mit seiner Spitze auf einer Skala den steigenden Luftdruck an.

Wenn der Luftdruck fällt, drückt die in der Dose befindliche Feder den Deckel entsprechend nach außen, und der Zeiger wandert auf der Skala zu den niedrigeren Zahlen hin. Der Zeiger zeigt den Luftdruck in Millimetern an.

Bei der Messung des Luftdrucks wird von den Meteorologen, den Wetterkundlern, international ein anderes Maßsystem, das Millibar, verwendet. Ein Millibar (1 mb) entspricht fast genau dem Druck einer kleinen Quecksilbersäule von dreiviertel Millimeter Höhe, und 1013 mb sind soviel wie 760 mm Quecksilbersäule.

Quer durch unsere ganze Leibeshöhle spannt sich kuppelförmig unter der Lunge ein großer, flacher Muskel, das Zwerchfell. Wenn wir einatmen, bewegt sich das Zwerchfell nach unten, und unsere Rippen bewegen sich nach oben und nach auswärts. Dies erweitert unseren Brustraum. Das ergibt einen verminderten Luftdruck in-

Wie kommt Atemluft in unsere Lunge?

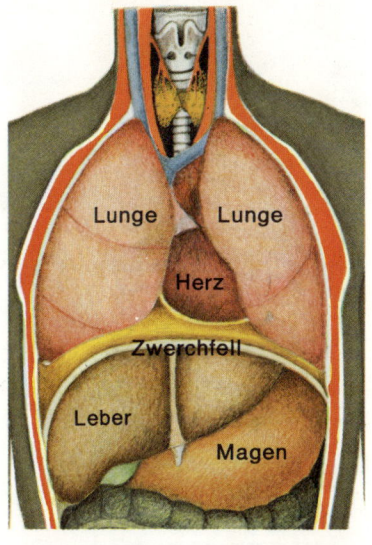

Das Zwerchfell ist der „Motor" unseres Atemsystems: Wenn es sich nach unten bewegt, vergrößert sich der Brustraum, der Luftdruck in der Lunge sinkt, und frische Luft strömt in den Brustraum.

Lunge · Lunge · Herz · Zwerchfell · Leber · Magen

nerhalb unserer Brusthöhle gegenüber dem Luftdruck außerhalb unseres Körpers. Der atmosphärische Luftdruck preßt jetzt durch unseren Mund oder die Nase Luft in die Lungen. Wenn wir ausatmen, bewegt sich das Zwerchfell nach oben, und die Rippen bewegen sich abwärts und nach innen. Dadurch entsteht innerhalb unseres Brustraums ein höherer Druck preßt die Luft aus unseren Lungen durch Mund oder Nase hinaus. Ausgelöst wird der Atemimpuls von unserem Zentralnervensystem.

In altgriechischen Gerichtssälen stand eine Klepsydra (Wasseruhr): Wasser tropfte aus einem oberen in ein unteres Gefäß. War das obere Gefäß leer, war die Redezeit des Redners abgelaufen.

Wie Luft und Wasser für uns arbeiten

Wir alle kennen die Eieruhr. Sie besteht aus einem in der Mitte verengten Glaskolben, in dessen einem Teil sich eine bestimmte Menge

Wie wurde im Altertum die Zeit gemessen?

feiner Sand befindet. Dreht man diesen Teil nach oben, beginnt der Sand durch die schmale Enge in der Mitte in den unteren Teil der Uhr hinabzurieseln. Wenn der ganze Sand durchgelaufen ist, wenn sich also im oberen Teil kein Sand mehr befindet, ist die Uhr „abgelaufen" — das Ei ist gekocht.
Mit einem ganz ähnlichen Instrument maßen die Alten Griechen früher die Zeit. Sie ließen aus einem Gefäß eine bestimmte Menge Wasser durch eine kleine Öffnung in ein unteres Gefäß tropfen. Wenn alles Wasser hinabgetropft war, wußten sie, daß eine bestimmte Zeitspanne vorübergegangen war. Sie benutzten diese „Wasseruhr", griechisch *clepsydra* genannt, um die Redezeit in Gerichtsverhandlungen zu messen. Ein Redner mußte seine Rede beenden, wenn das Gefäß leer war.
Es gab noch andere Arten von Wasseruhren. Eine sah der eben beschriebenen sehr ähnlich. Sie bestand aus einem Glasgefäß, das mit Merkzeichen versehen war. Diese Zeichen waren so eingeteilt, daß jedes eine Stunde anzeigte. Wenn das Wasser aus dem Gefäß tropfte, senkte sich seine Oberfläche Stunde um Stunde von einem Zeichen zum nächst niedrigen.

In einer späteren Art der Wasseruhren tropfte das Wasser vom Behälter in ein zylinderförmiges Gefäß. Im Zylinder schwamm ein Kolben, auf dem ein langer Schaft befestigt war. In diesen Schaft war eine Reihe von Zähnen eingekerbt, die in ein Zahnrad eingriffen. Wenn das Wasser stieg und den Kolben hob, drehten die Zähne des Schafts das Zahnrad. Am Zahnrad war im Zentrum ein Zeiger befestigt, der auf ein Zifferblatt zeigte. War der Kolben auf den Boden des Zylinders gesunken, wies der Zeiger auf die Zahl 24, die Mitternacht andeutete. Während das Wasser nun ständig in den Zylinder tropfte, hob es den Kolben, die Zähne des Schafts drehten das Zahnrad, und der Zeiger zeigte Stunde für Stunde auf dem Zifferblatt an; er begann bei eins. In 24 Stunden war der Zylinder gefüllt, und der Zeiger hatte sich einmal um das Zifferblatt gedreht. Nach 24 Stunden wurde die Wasseruhr neu eingestellt, indem der untere Zylinder geleert wurde.

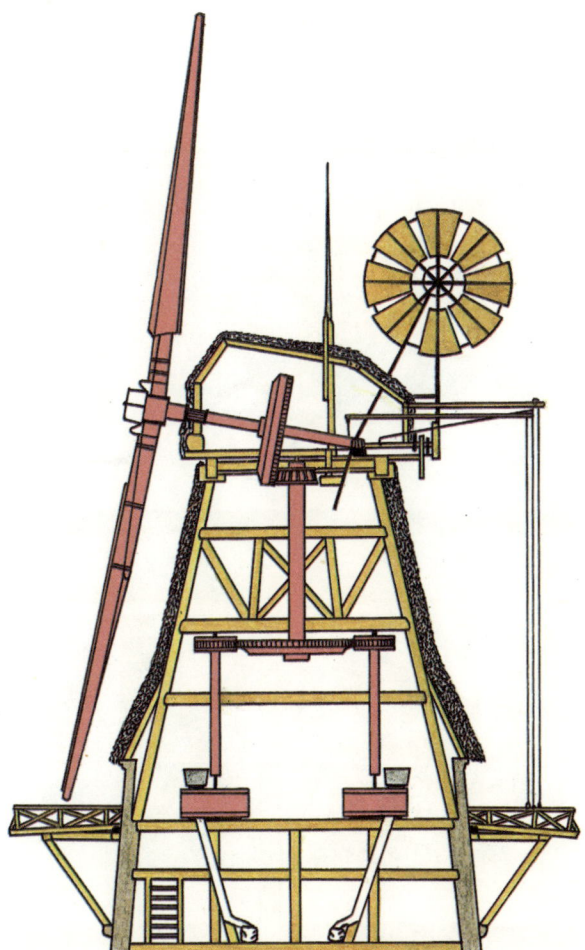

Vor 700 Jahren wurden in Europa die ersten Windmühlen gebaut. Das kleine Windrad dreht die Mühle in die Richtung, aus der der Wind weht.

Schon in alter Zeit haben die Menschen

| **Wie arbeiten die Windmühlen?** | die Kräfte der sich bewegenden Luft, des Windes, und des fließenden Wassers benutzt, um sie für sich ar- |

beiten zu lassen. Der Wind kann die

Eine Fortentwicklung der Klepsydra war diese Wasseruhr: Mit steigendem Wasserspiegel im unteren Gefäß hob sich eine Zahnstange, die einen Uhrzeiger drehte.

Flügel der Windmühle drehen. Die berühmten Windmühlen der Niederlande und Belgiens hatten große Tuchsegel, von denen einige zwei Stockwerke hoch reichten. Jede Windmühle hatte vier Segel, die in Form eines Kreuzes angeordnet und an je einem Schaft befestigt waren. Die Segel wurden dem Wind nicht direkt zugewendet, sondern sie standen zur Richtung, aus welcher der Wind wehte, in einem kleinen Winkel. Wenn der Wind auf die Segel traf, strich die bewegte Luft an ihnen entlang. Weil die Segel zur Richtung des Windes leicht gedreht waren, wurden sie quer zu dieser Richtung weggedrückt. Dadurch drehten die Segel die Flügel der Mühle. Die Achse, an der die Flügel befestigt waren, drehte mit Hilfe von Zahnrädern Mühlsteine oder Wasserpumpen.

Von oben: unterschlächtiges, oberschlächtiges Wasserrad; Wasser-, Dampfturbine.

Wie arbeitet ein Wasserrad?

Damit das Wasser für ihn arbeitet, erfand der Mensch das Wasserrad. Eine der frühesten Arten des Wasserrades sah so aus: Zwei hölzerne Scheiben wurden auf das Ende eines runden Stammes im Abstand von 25 bis 50 Zentimeter voneinander geschoebn und befestigt. In dem Zwischenraum zwischen den beiden Scheiben wurden mehrere flache Stücke Holz angebracht, die sowohl an der Achse als auch an den Scheiben befestigt wurden. Man nannte sie Schaufeln. Sie waren so lang, daß sie über die Ränder der Scheiben hinausragten.

Dieses Rad wurde in ein hölzernes Rahmenwerk über einem Wasserlauf so eingesetzt, daß die überstehenden Schaufeln unter die Oberfläche des Wassers reichten. Das Wasser drückte gegen die Schaufeln und bewegte sie in der Richtung, in welcher der Strom floß. So wurde das Rad ein Stückchen gedreht. Sobald eine Schaufel vom Wasser weggedrückt war, tauchte die nächste Schaufel ins Wasser. So fuhr das Rad fort, sich zu drehen. Es drehte einen Mühlstein, der Weizen- oder Roggenkörner zu Mehl malte.

Ein besonderes Wasserrad, mit dem man Wasser auf eine höhere Ebene befördern konnte war die *Archimedische Schraube.* Sie wird nach dem griechischen Mathematiker und Wissenschaftler Archimedes benannt, der vor etwa 2200 Jahren auf der Insel Sizilien lebte. Die Schraube des Archimedes bestand aus zwei Hauptteilen, einem langen hohlen, hölzernen Zylinder und einem Wasserrad. Das Rad wurde nahe an einem Ende des Zylinders montiert. Innerhalb des Hohlzylinders war von einem Ende zum anderen eine hölzerne Spirale angerbacht, gewunden wie eine Schraube. Das Ende des Zylinders ruhte auf einer Stütze am Grund des Wassers. Das andere Ende reichte bis über den Uferrand. Der Zylinder war zum Ufer hin leicht aufwärts gerichtet. Wenn der Strom das Wasserrad drehte, schöpfte das untere Ende der Spirale Wasser und förderte es die Spirale entlang nach oben, bis es oben aus dem Zylinder herauslief. Auf diese Weise wurde Wasser transportiert, das die Felder bewässerte.

Moderne Wasserräder sind aus Metall

Die Alten Griechen hoben mit der Archimedischen Schraube Wasser auf höher gelegene Äcker: Die in einer Röhre laufende Spirale, die das Wasser hob, wurde von einem Wasserrad gedreht.

<table>
<tr><td>

**Wie erzeugt
Wasser
Elektrizität?**

</td><td>

gefertigt und werden *Wasserturbinen* genannt. Meistens werden sie dazu gebraucht, Elektrizität zu er-

</td></tr>
</table>

zeugen. In gebirgigen Gegenden fließt das Wasser in Bächen und Flüssen sehr schnell ins Tal hinab. Man nutzt einen Teil der Kraft, die im strömenden Wasser enthalten ist, indem man das Wasser am Berghang in mächtige Rohrleitungen einströmen und steil den Hang hinabschießen läßt. Unten im Tal münden die Rohrleitungen in einem *Wasserkraftwerk,* in welchem das tosende Wasser auf die mächtigen Schaufeln der Wasserturbinen trifft und

diese in schnelle Umdrehungen versetzt.

Wo Gebirgsflüsse durch breite und tiefe Täler strömen und durch einen engen Talausgang, eine Schlucht, abfließen, errichtet man Talsperren, um das Wasser zu sammeln und aufzustauen. Man errichtet hohe Dämme, von denen in halber Höhe durch den Damm Rohrleitungen das aufgestaute Wasser in das Wasserkraftwerk leiten. Die sich drehenden Achsen der Wasserturbinen sind an Maschinen angeschlossen, die *Dynamos* oder *elektrische Generatoren* genannt werden. Sie erzeugen die Elektrizität.

In einem Wasserkraftwerk läuft das Wasser eines künstlich gestauten Sees mit starkem Gefälle zu einer Turbine, die einen Generator antreibt. Das Wasserschloß dient dem Anfahren der Turbine.

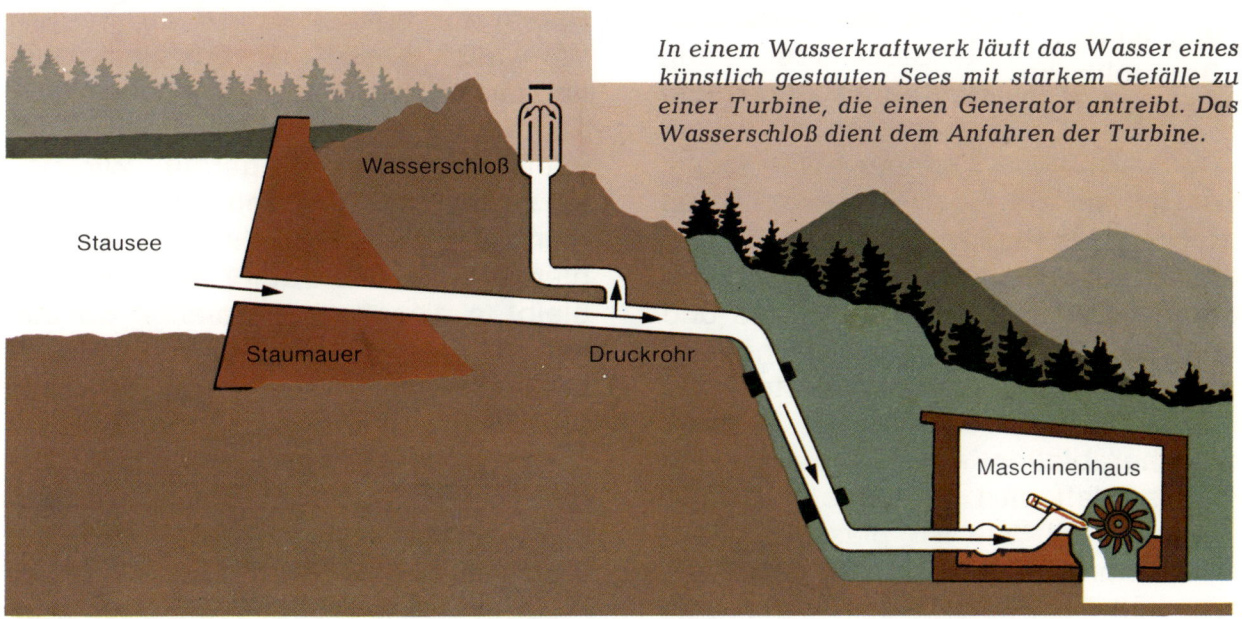

Wasserschloß

Stausee

Staumauer

Druckrohr

Maschinenhaus

Hölzerne Schöpfräder bringen bei Hama (Syrien) das Wasser des Orontes über steinerne Aquädukte in die Stadt und auf die Felder. Dieses jahrhundertealte Bewässerungssystem funktioniert noch einwandfrei.

Was ist das Bernoullische Gesetz?

Durch ein kleines quadratisches Blatt Papier stecken wir in der Mitte eine Stecknadel und führen die Nadel in den Hohlraum einer Garnspule. Wir halten die Spule senkrecht und drücken das Papier unten leicht gegen die Spule. Jetzt blasen wir kräftig von oben in den Hohlraum der Spule und nehmen gleichzeitig unsere Hand vom Blatt Papier. Man sollte erwarten, das Papier müßte fortgeblasen werden oder herabfallen. Aber wir sehen, daß dieses Blatt sich so lange in seiner Stellung hält, wie wir blasen. Sobald wir aufhören zu blasen, fällt das Blatt. Was hält das Papier in seiner Stellung,

während wir blasen? Eine Kraft, die stärker als die Schwerkraft ist, muß das Papier dort festhalten.

Wir wollen diese Kraft noch einmal wirken lassen. Das Experiment ist einfach: Ein Blatt Papier wird an einem Ende über einen Bleistift gerollt. Wir halten Bleistift und Papier an unseren Mund und blasen kräftig über das Papier hinweg. Das Papier hebt sich und bleibt in dieser Lage, solange wir blasen.

Diese beiden Experimente beweisen ein Gesetz, das von dem schweizerischen Mathematiker und Physiker Daniel Bernoulli vor gut 200 Jahren entdeckt worden ist. Er fand, daß der Druck eines gasförmigen Stoffes um so niedriger ist, je größer seine Geschwin-

Die britisch-französische „Concorde", neben der sowjetischen TU-144 das einzige zivile Überschall-Flugzeug der Welt, beim Flug über die Alpen. Sie darf nur über Meeren überschallschnell fliegen.

digkeit ist; wenn die Geschwindigkeit sinkt, verstärkt sich der Druck.

Wir erinnern uns, daß die Luft ein gasförmiger Stoff ist. Wenn wir durch das Loch der Spule blasen, bewegt sich unsere Atemluft am Ausgang des Loches schnell über die Oberfläche des Papiers nach den Seiten weg. Dadurch vermindert sich auf dieser, uns zugekehrten Seite des Blattes der Luftdruck. Der Luftdruck auf der unteren Seite verändert sich aber nicht. Weil der Druck, der von unten nach oben gegen das Blatt gerichtet ist, größer ist stattfindet, bleibt das Blatt an seinem Platz. Ebenso vermindert unsere Atemluft, die beim zweiten Experiment als derjenige, der von oben nach unten schnell über die Oberfläche des Papiers

streicht, den Luftdruck über dem Papier, und der größere Luftdruck von unten drückt das Papier nach oben.

Die Tragflächen eines Flugzeugs sind an ihren Oberseiten gewölbt, an den Unterseiten dagegen gerade. Die über der Oberseite der Tragfläche vorbeiströmende Luft bewegt sich schneller als die Luft unterhalb, weil sie einen weiteren Weg zurücklegen muß. Infolgedessen ist der Luftdruck über der Tragfläche größer als der Luftdruck darunter. Das erzeugt über der Tragfläche einen Sog, der das Flugzeug hochhebt und es fliegen läßt.

Welche Kraft hält ein Flugzeug in der Luft?

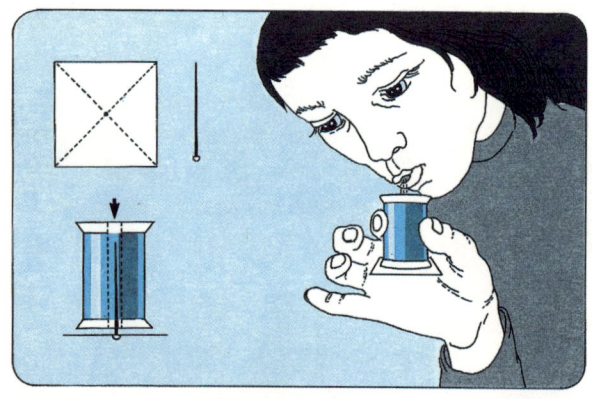

Wenn man durch eine Garnspule gegen ein darunter gehaltenes Stück Papier bläst, wird dieses —
wegen des geringeren Luftdrucks an seiner Oberseite — an das Ende der Garnrolle herangedrückt.
Die Stecknadel dient lediglich der Halterung und
Führung des Papiers.

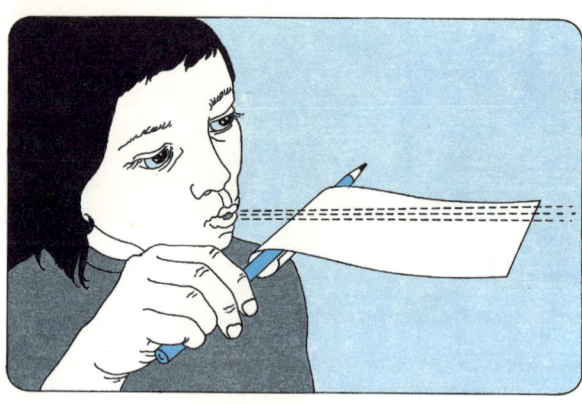

Ein ähnliches Experiment kann man mit einem
Papierstreifen machen, den man an einem Ende um
einen runden Bleistift gewickelt hat: Bläst man
über das Papier hinweg, wird es nicht nach unten
gedrückt, sondern leicht angehoben. Auch hier
wirkt sich das Bernoullische Gesetz aus.

Ohne das Prinzip des geringen Luftdrucks über
schnell bewegten Flächen gäbe es keine Flugzeuge: Sie „hängen" gewissermaßen an dem
Unterdruck über ihren Tragflächen.

Experiment: Warum können die Tragflächen ein Flugzeug tragen?

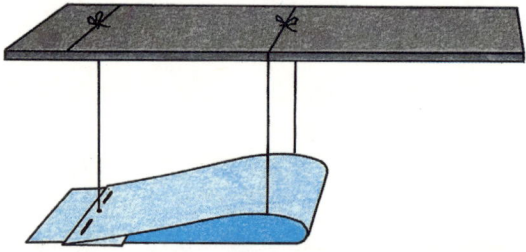

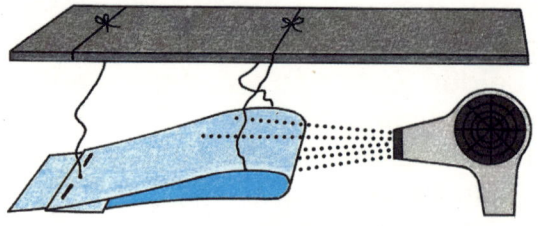

Für dieses Experiment brauchen wir ein
Stück Pappe und ein Stück Papier von
gleicher Breite. Wir schneiden die Pappe
so, daß sie fast die halbe Länge des Papiers hat. Nun kleben wir die Pappe mit
dem Papier so zusammen, wie es unser
Bild zeigt. Das Papier wird jetzt zurück-
gebogen und an die Pappe angeheftet
oder geklebt. Die obere Fläche des Papiers ist jetzt gebogen, die untere ver-
läuft gerade und flach. Unser Papier hat
jetzt dieselbe Form, wie sie ein Quer-
schnitt eines Flugzeugflügels hat. Das
gebogene Ende ist der vordere Teil.
Nun wird der Flügel aufgehängt. Zwei
Fäden halten ihn vorn, einer hinten. Wir
hängen den Flügel so an zwei Hölzern
auf, wie unser Bild es zeigt. (Hölzchen
überstehen lassen und mit Büchern be-
schweren.) Nun richten wir mit einem
elektrischen Haartrockner oder einem
Ventilator einen Luftstrom gegen unseren Flügel, und wir werden sehen, daß
er sich leicht anhebt, weil die Luftströ-
mung den Luftdruck an der Oberfläche
des Flügels herabsetzt und an der unteren erhöht. So wird der Flügel nach oben
gedrückt.

Wie stellen wir eine Saugrohrleitung her?

Mit einer Saugrohrleitung kann man Flüssigkeiten aufwärts über den Rand eines Gefäßes fließen lassen, ohne zu pumpen. Für dieses Experiment brauchen wir einen etwa 1 m langen Gummi- oder Plastikschlauch, einen Eimer voll Wasser und einen leeren Eimer. Der Eimer voll Wasser wird auf den Tisch gestellt, der leere Eimer auf die Erde daneben. Den Schlauch füllen wir mit Wasser, indem wir ihn ganz in den vollen Wassereimer stecken. Jetzt klemmen wir den Schlauch an beiden Enden so ein, daß kein Wasser herausfließen kann, und tauchen ein Ende schnell in das Wasser im oberen Eimer, gut unter die Oberfläche. Das andere Ende hängen wir in den leeren Eimer. Wir lassen jetzt zugleich beide Enden des Schlauches los, und das Wasser wird durch den Schlauch über den Rand des Eimers hinweg nach unten in den dort stehenden Eimer fließen. Wenn wir das obere Ende des Schlauchs bis auf den Boden des oberen Eimers hinunterführen, wird all sein Wasser sich bald im unteren Eimer befinden.

Eine solche Saugrohrleitung ist sehr nützlich, wenn ein Aquarium geleert werden soll. Chemiker benutzen sie in ihren Laboratorien, um Wasser von einem Behälter in einen anderen zu leiten. Wie kommt es, daß diese einfache Einrichtung funktioniert?

Wie funktioniert die Saugrohrleitung?

Als unsere Finger das obere Ende des Schlauches losließen, floß ein wenig Wasser aus dem Schlauch und ließ hinter sich einen leeren Raum zurück. Der Luftdruck, der auf die Oberfläche des Wassers im Eimer ausgeübt wird, drückt Wasser nach oben in den Schlauch und füllt den leeren Raum. Unten fließt Wasser heraus, und die Luft drückt neues Wasser in den Schlauch. Dieser Vorgang dauert an, bis alles Wasser durch den Schlauch in den unteren Eimer geflossen ist. Man

Mit einem dünnen Gummischlauch kann man sich eine Saugrohrleitung machen.

mag sich wundern, warum der Luftdruck auf das Wasser im unteren Eimer es nicht verhindert, daß das Wasser unten aus dem Schlauch herausfließt. Das kann nicht geschehen, weil das Gewicht der Wassersäule im Schlauch eine größere abwärts gerichtete Kraft entwickelt als die dagegen gerichtete Kraft des Luftdrucks auf der Wasseroberfläche im unteren Eimer.

Wie überführte Archimedes einen Goldschmied des Betrugs?

Eine Legende erzählt, daß der König Hieron II. von Syrakus (275 bis 215 v. Chr.) sich eine zweite Krone anfertigen ließ, aber den Verdacht hegte, daß der Goldschmied dafür kein

Archimedes verglich den Rauminhalt zweier Kronen, indem er sie in Wasser tauchte. Die Krone mit dem größeren Rauminhalt verdrängte mehr Wasser als die andere.

reines Gold verwendet, sondern es mit Silber vermischt hatte. Gold ist teurer als Silber, und so fürchtete der König, er sei betrogen worden. Er forderte Archimedes auf, ihm zu sagen, ob die Krone wirklich aus reinem Gold sei. Archimedes wußte, daß Silber weniger wiegt als Gold; und er fand, daß die neue Krone ebensoviel wog wie die erste, die gleich groß zu sein schien. Aber er konnte nicht sicher sein, daß die Kronen wirklich gleich groß waren. Sie waren beide überaus kunstvoll, aber sehr unterschiedlich in der Form gearbeitet. Es war nicht möglich, ihre Größe genau auszumessen. Archimedes mußte einen Weg finden, die Kronen auszumessen. Wenn in der neuen Krone auch Silber enthalten war, mußte sie größer sein als die Krone aus reinem Gold; denn sie wog gleich viel wie diese.

Während Archimedes sich aufmachte, um in einer Badeanstalt ein Wannenbad zu nehmen, dachte er über dieses Problem nach. Im Bad angekommen, stieg er in die Wanne, die ganz voll Wasser war. Er beobachtete nun, wie Wasser überlief, als er in die Wanne stieg. Bei diesem Anblick kam ihm die Idee, wie des Königs Problem zu lösen war. Archimedes war außer sich vor Freude darüber, daß er die Lösung gefunden hatte. Er sprang aus der Wanne, rannte nackt, wie er war, durch die Straßen und schrie vergnügt: „Heureka! Heureka!", das heißt: Ich hab's gefunden!

Archimedes bat den König, die zwei Kronen herbeiholen zu lassen, dazu zwei Schüsseln von genau gleicher Größe, doch groß genug, daß die Kronen hineinpaßten, und außerdem bat er um zwei größere Schüsseln. Archimedes erhielt, was er gewünscht hatte. Er setzte je eine der kleineren Schüsseln in eine der größeren. Er füllte die kleinen Schüsseln bis an den Rand mit Wasser und legte in jede eine Krone. Über die Ränder der beiden Schüsseln floß Wasser in die großen Schüsseln. Archimedes maß die beiden Wassermengen, die über den Rand geflossen waren, sehr sorgfältig, und er fand, daß mehr Wasser aus jener Schüssel geflossen war, in der die neue Krone sich befand. Das bedeutete, daß die neue Krone größer war als die andere; sie mußte leichteres Metall enthalten und

konnte nicht aus purem Gold sein wie die andere Krone. Der König hatte recht gehabt; der Goldschmied hatte ihn betrogen.

Was ist das Archimedische Prinzip?

Als Archimedes in seiner Wanne lag, beobachtete er noch etwas anderes: Sein Körper war im Wasser leichter. Das haben wir wohl alle schon beobachtet. Archimedes begriff, daß er im Wasser weniger wog, weil ein Teil des Wassers seinen Körper

Experiment: Wieviel wiegt ein Stein im Wasser?

Jetzt wollen wir das Archimedische Prinzip erproben. Dazu brauchen wir einen Eimer, eine große Plastikschüssel, einen Mauerstein, einen Trichter, eine Feder- oder Küchenwaage, eine Schnur und eine Flasche. Wir stellen den Eimer in die Schüssel und füllen den Eimer bis an den Rand mit Wasser. Sollte dabei Wasser in die Schüssel fließen, wischen wir es mit einem Wischtuch auf. Wir binden die Schnur fest um einen Mauerstein und machen an ihrem anderen Ende eine Öse. Jetzt wiegen wir den Mauerstein mit der Federwaage und notieren sein Gewicht.

Langsam senken wir den Mauerstein, indem wir ihn an der Waage hängen lassen, in das Wasser des Eimers. Wenn der Stein ganz untergetaucht ist (aber ohne den Boden zu berühren!), notieren wir wieder sein Gewicht. Er wird nun weniger wiegen. Wir rechnen: Das Gewicht des Steins im Wasser wird von seinem Gewicht in freier Luft abgezogen. Der Unterschied zeigt das Gewicht, das er im Wasser verloren hat.

Wir nehmen den Stein aus dem Wasser heraus. Auch der Eimer wird aus der Schüssel herausgenommen, und zwar sehr vorsichtig, damit nicht Wasser, das sich im Eimer befindet, in die Schüssel fließt. Nun wird die Flasche gewogen und dann mit Hilfe des Trichters das Wasser, das sich in der Schüssel befindet, in die Flasche gefüllt. Jetzt wird die Flasche wieder gewogen, nun mit ihrem Wasserinhalt. Wir ziehen das

Gewicht der Flasche von dem Gewicht der Flasche plus Wasserinhalt ab. Das ergibt das Gewicht des Wassers, das der Mauerstein verdrängt hat. Wenn wir das Experiment sorgfältig durchgeführt haben, ist das Gewicht des verdrängten Wassers gleich dem Gewicht, das der Stein verlor, als er ins Wasser getaucht wurde. Dies ist der Nachweis des Archimedischen Prinzips, daß der Gewichtsverlust eines Körpers, der sich in einer Flüssigkeit befindet, gleich dem Gewicht der verdrängten Flüssigkeit ist.

Ein Schiffchen, das man aus Silberpapier faltet, kann schwimmen; drückt man aber das Silberpapier zu einem Knäuel zusammen und wirft es ins Wasser, geht es unter: Das Schiffchen mit seinen Hohlräumen verdrängt viel Wasser, das Knäuel dagegen nur wenig.

nach oben drückte. Diese Kraft, welche Körper nach oben drückt, wird *Auftrieb* genannt. Als Mathematiker wollte Archimedes wissen, wie stark der Auftrieb war. Er fand heraus, daß die Stärke der Auftriebskraft, die auf seinen Körper wirkte, dem Gewicht des Wassers glich, das über die Ränder seiner Wanne floß, wenn er in die volle Wanne stieg. Archimedes' Körper nahm in der Wanne einen Platz ein, den, bevor er in die Wanne stieg, Wasser eingenommen hatte.

Wenn ein Körper auf solche Weise in einer Flüssigkeit Raum einnimmt, sagen wir, er *verdrängt* die Flüssigkeit. Die Archimedische Regel — oder das *Archimedische Prinzip* — besagt, daß *ein Körper, der sich in einer Flüssigkeit befindet, einen Auftrieb erfährt, dessen* *Stärke dem Gewicht des Wassers gleicht, das der Körper verdrängt.* Das bedeutet: *Der Gewichtsverlust eines Körpers, welcher sich in einer Flüssigkeit befindet, ist gleich dem Gewicht der Flüssigkeit, die er verdrängt.*

Schiffe haben einen eisernen oder

Warum können Schiffe schwimmen?

stählernen Rumpf, stählerne Spanten, schwerste Maschinen sowie schwere Aufbauten und schwere Ladungen. Alle diese Dinge sind soviel schwerer als Wasser, daß es kaum denkbar erscheint, ein solches Schiff könnte schwimmen. Aber ein Schiff hat sehr viele Hohlräume und verdrängt enorm viel Wasser.

Fische haben eine Schwimmblase, deren Größe sie verändern können. Ist die mit Luft gefüllte Schwimmblase groß, verdrängt der Fisch viel Wasser und bekommt Auftrieb, das heißt, er schwimmt nach oben. Mit kleiner Schwimmblase sinkt er in tiefere Regionen.

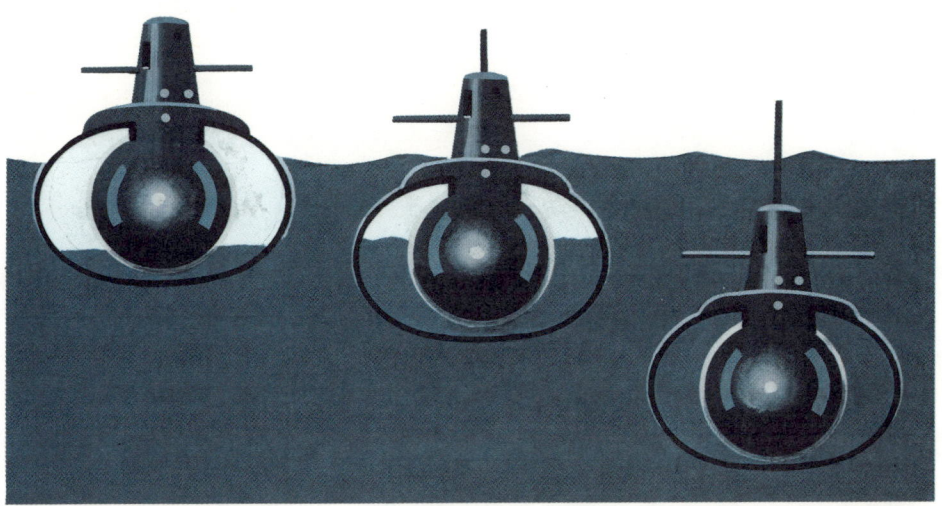

Unterseeboote bestehen aus einem starkwandigen zylindrischen Druckkörper und der darumliegenden Hülle mit den Tauchtanks. Wenn das U-Boot tauchen will, werden die bei Überwasserfahrt mit Luft gefüllten Tanks geflutet, das heißt, mit Wasser gefüllt.

Wir wissen, daß die Auftriebskraft eines Körpers dem Gewicht des von ihm verdrängten Wassers entspricht. Wenn das Gewicht des verdrängten Wassers größer ist als das des Körpers, ist auch die Kraft des Auftriebs größer als das Gewicht des Körpers, und er schwimmt. Wenn die Hand eines Riesen das Schiff zu einem einzigen festen Klumpen zusammenpressen könnte, wäre die Menge Wasser, die dieser Klumpen verdrängen würde, sehr viel kleiner; sie würde nicht mehr genügen, den Metallblock im Wasser schwimmend zu halten.

Nehmen wir ein Stück Aluminiumfolie und formen daraus ein Schiffchen. Es wird im Wasser schwimmen. Das Wasser, welches unser Schiffchen verdrängt, wiegt genausoviel wie die Metallfolie. Deshalb ist die Auftriebskraft gleich dem Gewicht der Folie. Jetzt drücken wir die Folie zu einem Klümpchen, einem kleinen Ball, fest zusammen und werfen ihn ins Wasser. Er sinkt, weil das Wasser, das er verdrängt, weniger wiegt als die zusammengepreßte Folie; weil die Auftriebskraft zu gering ist, kann die Folie nicht schwimmen.

Jeder hat schon Fische im Aquarium gesehen, wie sie sich schwebend oder schwimmend in einer Höhe halten. Wie kann ein Fisch im Wasser ebenso in der Nähe der Oberfläche wie am Grunde des Wassers schwimmen?

Wie schwimmt ein Fisch auf und nieder?

„U 29", ein Boot der Klasse 206 der bundesdeutschen Kriegsmarine, von einem tieffliegenden Hubschrauber aus fotografiert. Dieser Bootstyp gehört zu den modernsten Einheiten der NATO. U-Boote werden hauptsächlich im Kampf gegen feindliche Kriegs- und Handelsschiffe eingesetzt.

Die Antwort lautet: Weil der Fisch ein Körperorgan besitzt, Schwimmblase genannt, mit dessen Hilfe er seine Körpergröße verändern kann.

Die Schwimmblase ist ein Sack aus elastischem Gewebe, der sich zwischen dem Magen und dem Rückgrat des Fisches befindet. Die Schwimmblase ist mit Luft gefüllt; sie kann sich ausdehnen, und sie kann schrumpfen. Wenn sie sich ausdehnt, vergrößert sich der Körper des Fisches. Das bedeutet, daß der Fisch mehr Wasser verdrängt als vorher. Die Auftriebskraft, die auf den Fisch wirkt, ist dann am größten. Das Ergebnis ist, daß der Fisch aufsteigt. Wenn die Schwimmblase kleiner wird, verdrängt der Fisch weniger Wasser, und die Auftriebskraft vermindert sich; deshalb sinkt der Fisch. Weil der Fisch die Größe der Schwimmblase verändert, kann er in jeder Höhe schwimmen.

Wie kann ein Unterseeboot tauchen und auftauchen?

Ein Unterseeboot kann seine Größe nicht wie ein Fisch nach Belieben verändern. Aber man kann auf andere Weise vom Archimedischen Prinzip Gebrauch machen, so daß der Kommandant die Höhe oder Tiefe des Bootes im Wasser bestimmen kann. Im Inneren des U-Bootes befinden sich große Tanks, in die Seewasser hineingepumpt werden kann. Wenn die Tanks leer sind, schwimmt das Boot auf der Oberfläche des Wassers. Will der Kommandant tauchen, läßt er Wasser in die Tanks pumpen. Wenn sie sich füllen, wird das Boot schwerer, so daß es jetzt mehr wiegt als das Wasser, das es verdrängt. Die Auftriebskraft wird im Verhältnis zum Gewicht des Unterseeboots geringer, und das Boot sinkt.

Ein Junge ging einmal mit einem schweren irdenen Krug zu einer Quelle. Er füllte den Krug, bis er überlief. Dann tat er den Pfropfen in die enge Krugöffnung, und um sicherzugehen, daß dieser nicht herausfiel, schlug der Junge kräftig mit dem Handballen darauf. Wie war er überrascht, als der Boden des Kruges herausbrach!

Um das zu verstehen, müssen wir etwas über eine besondere Eigenschaft von Flüssigkeiten erfahren, eine Eigenschaft, die der junge französische Mathematiker und Philosoph Blaise Pascal (1623—1662) entdeckt hat. Wenn auf eine Flüssigkeit, die in einem Behälter eingeschlossen ist, ein Druck ausgeübt wird, setzt sich dieser in der Flüssigkeit nach jeder Richtung hin fort, ohne an Stärke zu verlieren. Diese Entdeckung wird das *Pascalsche Gesetz* genannt.

Wir nehmen an, wir hätten einen zylindrischen eisernen Tank, der mit Wasser gefüllt ist. Ein kleiner Kolben ist in das eine Ende, ein grober Kolben in das andere Ende des Tanks eingepaßt. Die Kolben haben quadratische Form, der kleine Kolben hat eine Oberfläche von einem, der große eine von 100 qcm.

Jetzt nehmen wir an, daß ein Mann mit dem kleinen Kolben einen Druck auf das Wasser im Tank ausübt. Wie viele Männer würden gebraucht, um diesem Druck auf den großen Kolben standzuhalten und zu verhindern, daß er aus dem Tank herausgedrückt wird? Einhundert Männer! Das Wasser überträgt auf jeden einzelnen der 100

Wenn man eine bis zum Rand mit Wasser gefüllte Flasche mit einem Korken verschließen will und den Korken mit einem Faustschlag in den Flaschenhals treibt, bricht der Flaschenboden weg und das Wasser ergießt sich auf den Fußboden — eine Auswirkung des Pascalschen Gesetzes. Es besagt, daß ein Druck, der auf eine Flüssigkeit ausgeübt wird, sich in gleicher Stärke nach allen Seiten fortsetzt. Wenn der Flaschenboden also 100mal so groß ist wie die Grundfläche des Korkens, entspricht der Druck, der auf den Boden einwirkt, dem Druck von 100 Faustschlägen — und das hält auch die stärkste Flasche nicht aus.

Dieser Schnitt durch die Flasche zeigt, warum der Flaschenboden (siehe Vorseite) wegplatzt.

Wagenheber in Kfz-Werkstätten sind hydraulische Pressen, die nach dem Pascalschen Gesetz arbeiten. Dabei wird meist Öl statt Wasser verwendet. Hydraulische Pressen wurden 1795 erfunden.

qcm, welche die Fläche des großen Kolbens ausmachen, dieselbe Druckstärke, die auf den einen qcm des kleinen Kolbens ausgeübt wird! Wenn der Mann am kleinen Kolben einen Druck von 60 Pfund ausübt, wird dieser „60-Pfund-Druck" durch das Wasser hindurch auf jeden einzelnen qcm der inneren Wände des Tanks übertragen und auch auf jeden qcm des großen Kolbens, So drücken also 6000 Pfund gegen den großen Kolben. Begreiflich, daß 100 Männer gebraucht würden, um diesem Druck standzuhalten, der von nur einem Mann ausgeübt wird!

Jetzt können wir auch verstehen, warum der irdene Krug zerbrach. Nehmen wir an, auch der Pfropfen hätte eine Grundfläche von 1 qcm und der Boden des Kruges eine Grundfläche von 80 qcm gehabt; der Junge habe nun den Pfropfen mit einem Druck von 20 Pfund getroffen. Wenn der Druck von 20 Pfund durch das Wasser hindurch auf jeden der 80 qcm des Krugbodens übertragen wurde, dann drückte die Kraft von 1600 Pfund plötzlich auf den Boden des Kruges! Kein Wunder, daß er brach!

Man kann gelegentlich einen Autofahrer beobachten, dessen Wagen einen „Plattfuß" hat. Er braucht einen Wagenheber, wenn er den Scha-

Wie funktioniert ein hydraulischer Wagenheber?

den beheben will. Der Fahrer eines schweren Lastkraftwagens kommt in solchem Fall mit einem einfachen Wagenheber nicht aus. Er benutzt einen *hydraulischen* Wagenheber. Er setzt den Apparat unter den Rahmen des Wagens und bewegt dessen Hebel auf und nieder. Dadurch wird der obere Teil des Hebers langsam aufwärts bewegt und mit ihm der schwere Wagen. Hydraulisch arbeiten heißt mit Hilfe von Wasser arbeiten. Im Inneren des Apparates befindet sich ein dickwandiger, eiserner Zylinder, der mit Wasser oder Öl gefüllt ist. Jedesmal, wenn der Mann den Hebel hinunterdrückt, drückt ein kleiner Kolben gegen das Wasser im Zylinder, und der Druck setzt sich durch das Wasser fort gegen einen großen Kolben, an dem die Kraft des Drucks so vervielfacht wird, daß der schwere Wagen angehoben wird. Viele Maschinen sind konstruiert worden, in denen die Kraft nach dem Pascalschen Prinzip vervielfacht wird. Hydraulische Pressen drücken die zahllosen Autowracks der Großstädte zu Blöcken von Eisenschrott zusammen; beim Bau unserer Straßen transportieren fahrbare hydraulische Bagger große Mengen von Erde, Sand und Schotter, und in der Eisen- und Stahlindustrie leisten riesige hydraulische Pressen mit gewaltiger, fast lautloser Kraft eine Arbeit, die menschliche Muskelkraft vieltausendmal übertrifft. Sie arbeiten nach dem Prinzip des Philosophen und Mathematikers Blaise Pascal.

Luft und Wasser brauchen unseren Schutz

Immer, wenn ein Tanker vor einer Küste havariert, beginnt mit der Ölpest, das heißt der Ausbreitung des Ölteppichs auf dem Wasser, für Pflanzen und Tiere das große Sterben. Das Gefieder der Wasservögel veröl, sie können nicht mehr fliegen und verenden meist am ebenfalls veröl ten Strand.

Seitdem Privatpersonen und Industrieanlagen begonnen haben, offene Gewässer als Müllkippe zu benutzen, drohen viele Bäche, Flüsse und Seen zu „sterben": Jedes pflanzliche und tierische Leben wird unmöglich, da das Wasser nicht mehr genug Sauerstoff enthält. Auf dem Foto: zwei tote Enten.

Luft und Wasser sind lebensnotwendige Stoffe. Ohne sie gäbe es kein Leben auf der Erde. Oft werden Luft und Wasser aber auch verunreinigt und gefährden dann die Gesundheit der Menschen. Mittel und Wege müssen gefunden werden, um sie wieder zu reinigen. Sicherlich hat jeder schon einen Teich oder einen Fluß gesehen, dessen Wasser man nicht trinken oder in dem man nicht baden darf, weil man sonst krank werden kann.
In vielen Großstädten der Industrielän-

Warum können Luft und Wasser unsere Zukunft gefährden?

Schornsteine, Abgasanlagen und andere industrielle Anlagen verunreinigen die Luft über den Groß-städten. Um Menschen, Tiere und Pflanzen vor Dauerschäden zu schützen, muß noch viel getan werden.

der ist die Luft so verschmutzt, daß Einwohner davon Atembeschwerden bekommen.

Weil die Bevölkerung und die Industrie in allen Ländern ständig wachsen, werden immer mehr Rauch und giftige Abgase von Fabriken, Auspuffgase der Autos, Müll und Abfälle in die Luft und in die Seen und Meere abgegeben. Atommüll und radioaktive Strahlung, die Verwendung von giftigen Pflanzenschutzmitteln gefährden unsere Gesundheit und die der folgenden Generationen. Ölrückstände und giftige Abwässer von Fabriken haben unsere Flüsse schon so verseucht, daß kaum noch Fische darin leben können.

Viele Arbeitskräfte müssen in naher Zukunft dafür eingesetzt werden, diese Probleme zu lösen. Chemiker werden gebraucht, die das Wasser und die Luft untersuchen, ob und wodurch sie verunreinigt sind. Forscher werden gebraucht, die neue Wege finden, diese lebensnotwendigen Elemente reinzuhalten. Wir brauchen Fachleute, die den Bauern und Förstern helfen, ihre Pflanzen und Bäume und ihren Boden mit neuen Mitteln zu schützen, die keine Schädigungen für Mensch und Tier nach sich ziehen. Wir brauchen Fachleute, die große Städte so planen, daß gesundheitsschädliche Abfallprodukte von Fabriken und Haushaltungen nicht in der Nähe von Wohnvierteln an Luft und Wasser abgegeben werden.

Dies alles sind Aufgaben, die den Menschen unserer Zeit dringlich gestellt sind. Es sind Aufgaben, die es wert sind, daß Menschen der jungen Generation sich ihnen zuwenden, um zu ihrer Lösung beizutragen.

WAS IST WAS
BAND 49
Leichtathletik

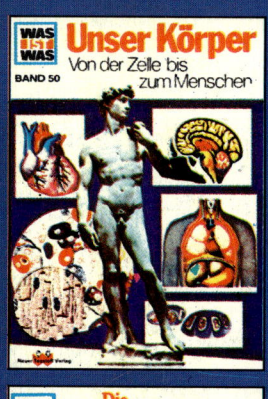

WAS IST WAS
BAND 50
Unser Körper
Von der Zelle bis
zum Menschen

WAS IST WAS
BAND 51
Muscheln
und Schnecken

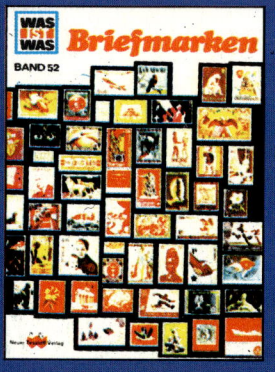

WAS IST WAS
BAND 52
Briefmarken

WAS IST WAS
BAND 53
Das Auto

WAS IST WAS
BAND 59
Katzen

WAS IST WAS
BAND 60
Die Kreuzzüge

WAS IST WAS
BAND 61
Pyramiden

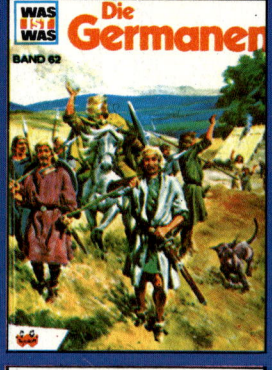

WAS IST WAS
BAND 62
Die Germanen

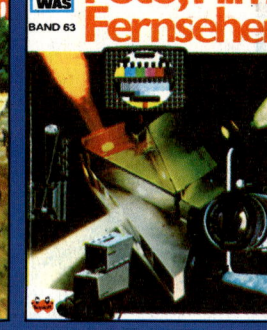

WAS IST WAS
BAND 63
Foto, Film
Fernsehen

WAS IST WAS
BAND 69
Fossilien
Zeugen der Urwelt

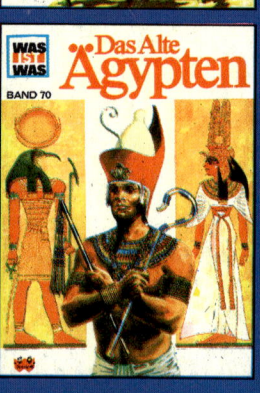

WAS IST WAS
BAND 70
Das Alte
Ägypten

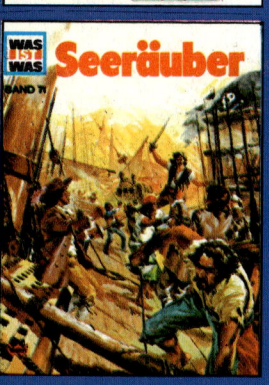

WAS IST WAS
BAND 71
Seeräuber

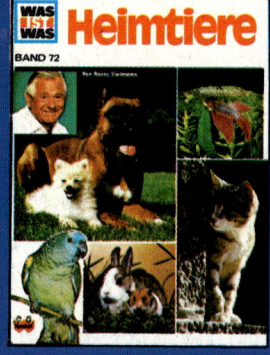

WAS IST WAS
BAND 72
Heimtiere

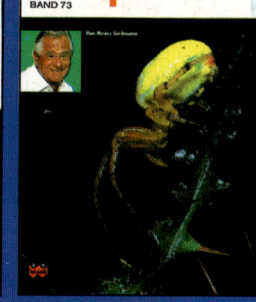

WAS IST WAS
BAND 73
Spinnen